Alfred Basbous

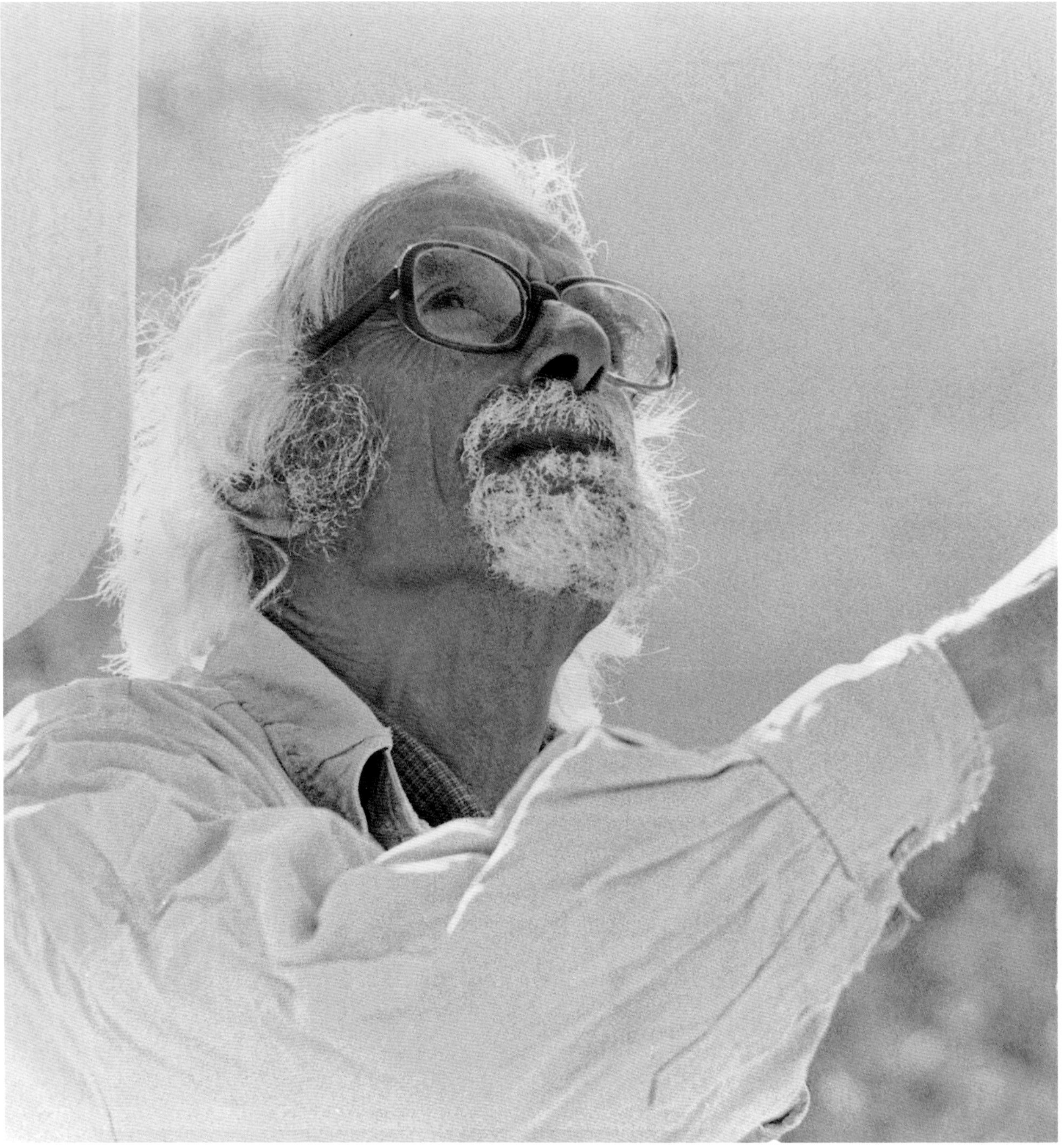

Alfred Basbous

Un pionnier moderniste / A modernist pioneer

SKIRA | Alfred Basbous Foundation

Couverture / Cover
Étude pour une sculpture monumentale / study for a monumental sculpture, circa 1960-1970
Plâtre / cast
82 × 53 × 23 cm

Page 2
Alfred Basbous dans son studio à Rachana / in his studio in Rachana, 1994

Pages 6-7
Portail d'entrée de la Fondation Alfred Basbous, Rachana, Liban, 1991 / Entrance gate of the Alfred Basbous Foundation, Rachana, Lebanon, 1991
Fer peint / Painted iron, 143 × 666 × 16 cm

Sommaire / Contents

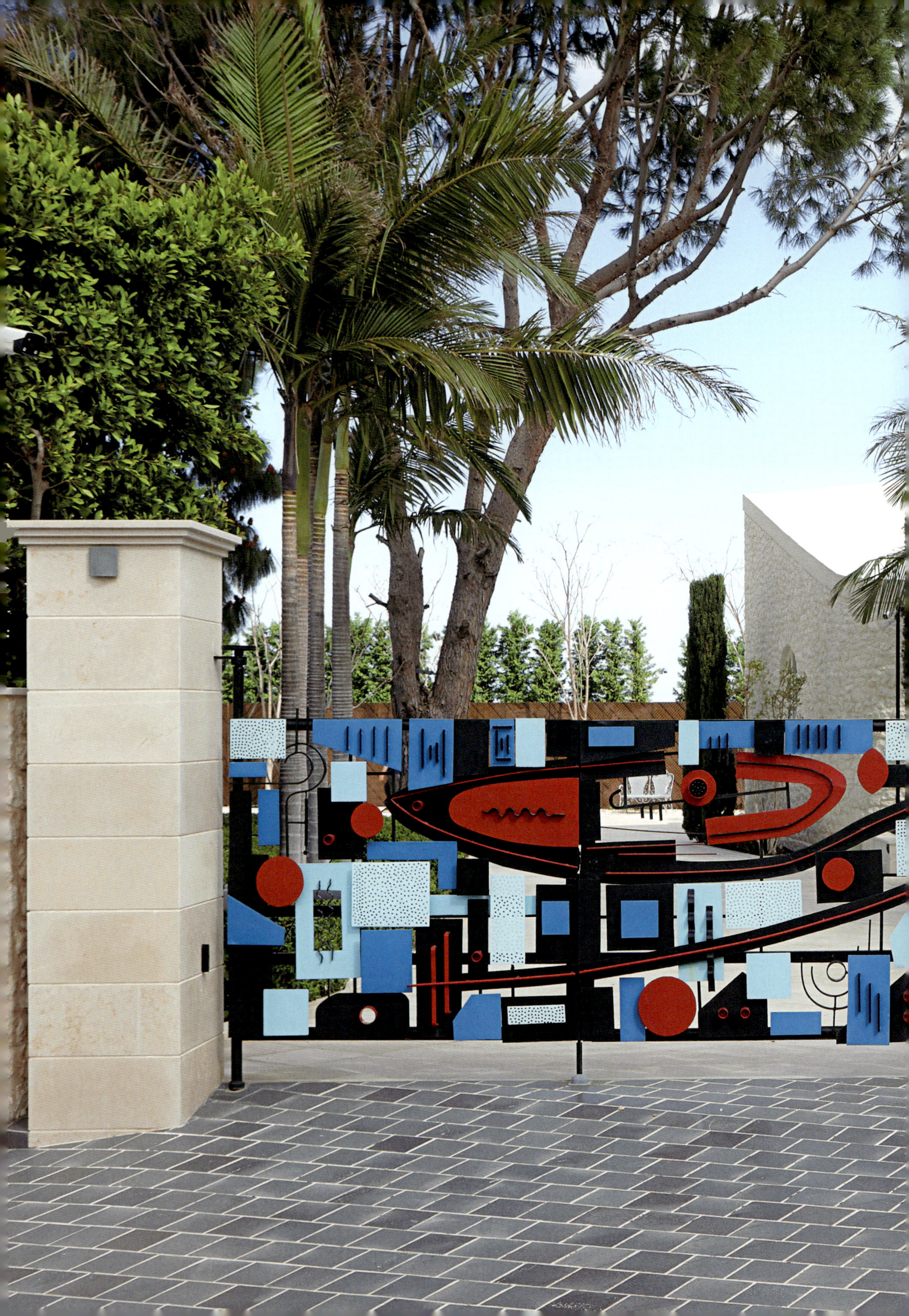

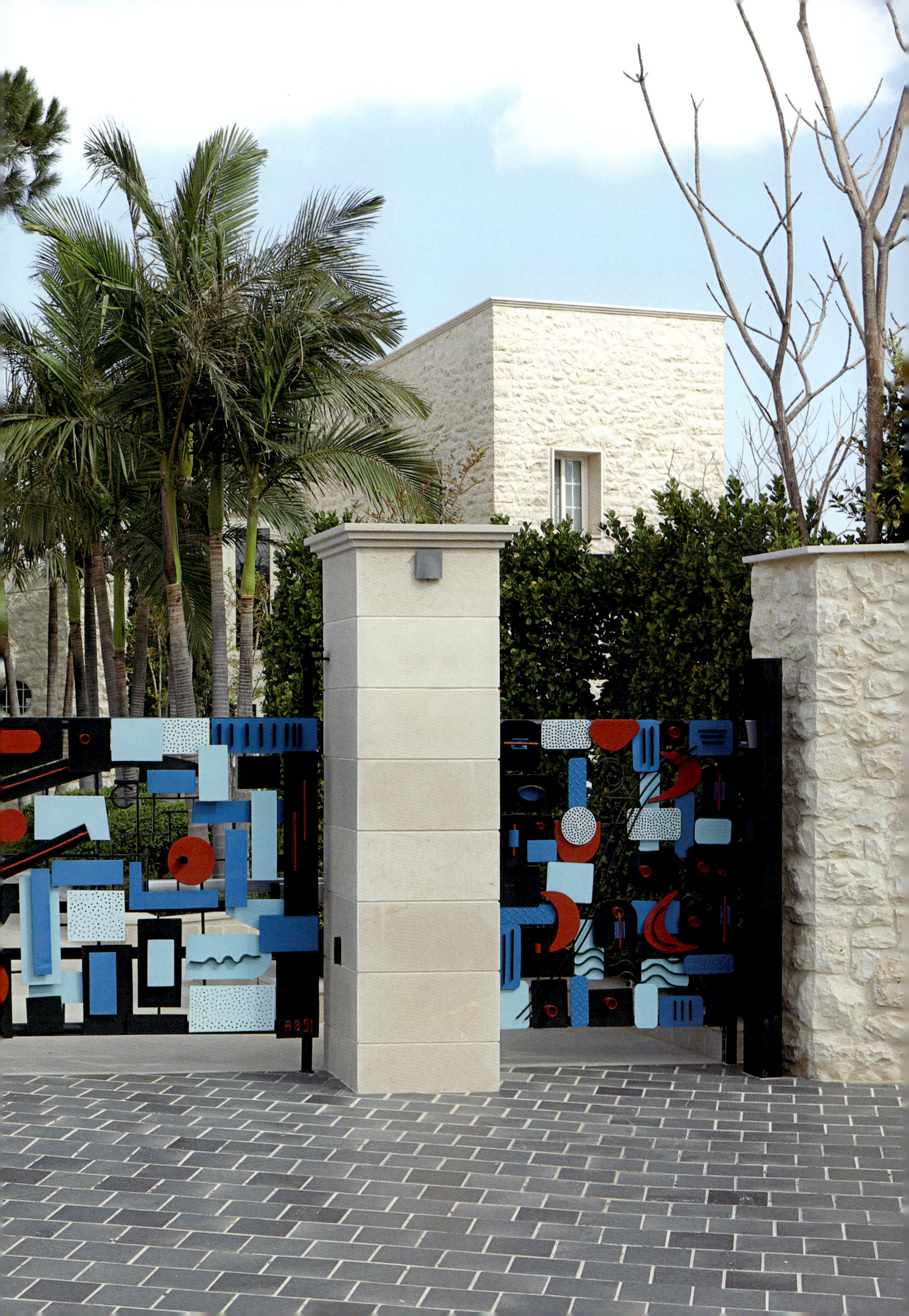
AB91

Préface

Fadi Basbous
Président et directeur de la Fondation Alfred Basbous

Mon désir de comprendre le travail d'Alfred Basbous et d'être en phase avec lui plonge ses racines dans mon enfance, époque durant laquelle, à l'instar de beaucoup d'enfants, j'étais animé par une curiosité insatiable pour tout ce que faisait mon père.

Il n'est jamais facile d'appréhender l'art, quelles que soient les formes sous lesquelles il se présente. Alors que j'étais encore très jeune, observer Alfred – mon père, « mon cher ami », comme il se plaisait à l'être – s'employant à travailler une sculpture ou façonner un moule en trois dimensions, ou le gypse, le polystyrène, la terre glaise ou les matériaux de toutes sorte qui se trouvaient dans son atelier – son « temple », comme il disait – fut une expérience merveilleuse dont le doux souvenir m'habite aujourd'hui encore.

Réaliser les idées qui lui venaient à l'esprit, habituellement sous forme de sculptures, était la préoccupation majeure d'Alfred dans son travail. Le raffinement de son sens artistique le portait à voir les choses sous plusieurs dimensions, à travailler systématiquement jusqu'à trouver la ligne la plus belle ou la forme la plus équilibrée qui synthétiserait ses idées.

La mise en forme de ses œuvres en trois dimensions résultait d'un rigoureux exercice de configuration, au cours duquel il analysait en pensée les modalités de réalisation de sa pièce afin d'obtenir le meilleur résultat, les techniques et les outils qui lui donneraient le moyen d'exécuter sa vision, sans jamais se départir de la réflexion esthétique qui a fait sa réputation.

L'énergie positive qui anime son travail demeure au premier plan de mes pensées, une vision précise et une conscience aiguë du matériau – de l'histoire de l'art et de l'évolution des civilisations, sujets omniprésents dans son inspiration et y occupant une place de premier plan.

Je me souviens avec émotion de ce jour où j'ai été appelé à poser pour mon portrait. Il avait à l'époque réalisé deux portraits magnifiques, l'un de Marie, ma mère, l'autre de Zeina, ma sœur. Je me souviens de mon impatience, de l'enthousiasme de ma jeunesse, assis au centre de son atelier. Je regardais mon père qui, ayant posé une masse de terre glaise devant lui, concentrait sur moi le regard perçant de ses yeux bleus, analysant la moindre caractéristique de ma tête, de mon « anatomie » comme il me l'expliquait. J'observais cette figure tridimensionnelle prendre progressivement la forme de mon visage, de ma tête, chaque détail, en particulier une déviation du nez, représentant une nouvelle découverte pour moi. J'avais alors 13 ans.

Alfred Basbous chérissait la liberté, sans rien ignorer de la responsabilité qui va de pair avec elle. Pour pouvoir demeurer dans sa

Foreword

Fadi Basbous
President and Director of Alfred Basbous Foundation

My desire to understand and connect with Alfred's work is rooted in my childhood, a time I was deeply curious of everything my father was doing, as most young children are.

Art in its many forms is never easy to understand. Being at a young age observing Alfred, my father, my dear friend as he liked to be - executing a sculpture or working on a 3D mold; gypsum, or polysterene, or terre glaise or the multiple kind of medium you can discover at his studio or, as he used to describe it, his temple, was a wonderous experience which to this day resides softly in my mind.

Alfred had an obsession of executing the ideas that came to his mind, usually in the form of sculptures–his intricately artistic mind would see things in dimension, always working to find the most beautiful line or the most balanced form to have the syntheses of his ideas.

His process of configuring how his works would take shape in three dimension was a rigorous exercise, his mind running between what would be the best outcome to deliver the piece, which technique and tools would render his vision, without ever letting go of the preciously thought-out aesthetic my father is so renowned for.

The positive energy in his work lives on at the forefront of my mind, a sharp vision and profound feeling for the material–the history of art and development of civilizations, an ever present and shining subject of his inner inspiration.

One day, I recall fondly, I was called to pose for my portrait, he had done two wonderful portraits at this time, one of Marie, my mother, and one for my sister Zeina. Impatient and in the stride of my youth, I recall my restlessness as I sat at the center of his studio. My father had this mass of terre glaise in front of him, and I sat and watched his sharp blue eyes focus on me–his vision analyzing each feature of my head, or anatomy as Alfred would explain. Slowly I noticed the three-dimensional figure taking the shape of my face, my head, each detail a new discovery to a then 13-year-old me, a deviation in my nose in particular.

Alfred strongly believed in freedom, and he knew very well the responsibility which came hand in hand with that freedom. To be close to Alfred, we needed to have his attention, connecting through drawing or expressing curiosity about his research and work.

Our family would come together, engaging in art work, drawing and discussions, this was my direct encounter with the creative process. My father's words "You will have one million thoughts and ideas, but when it

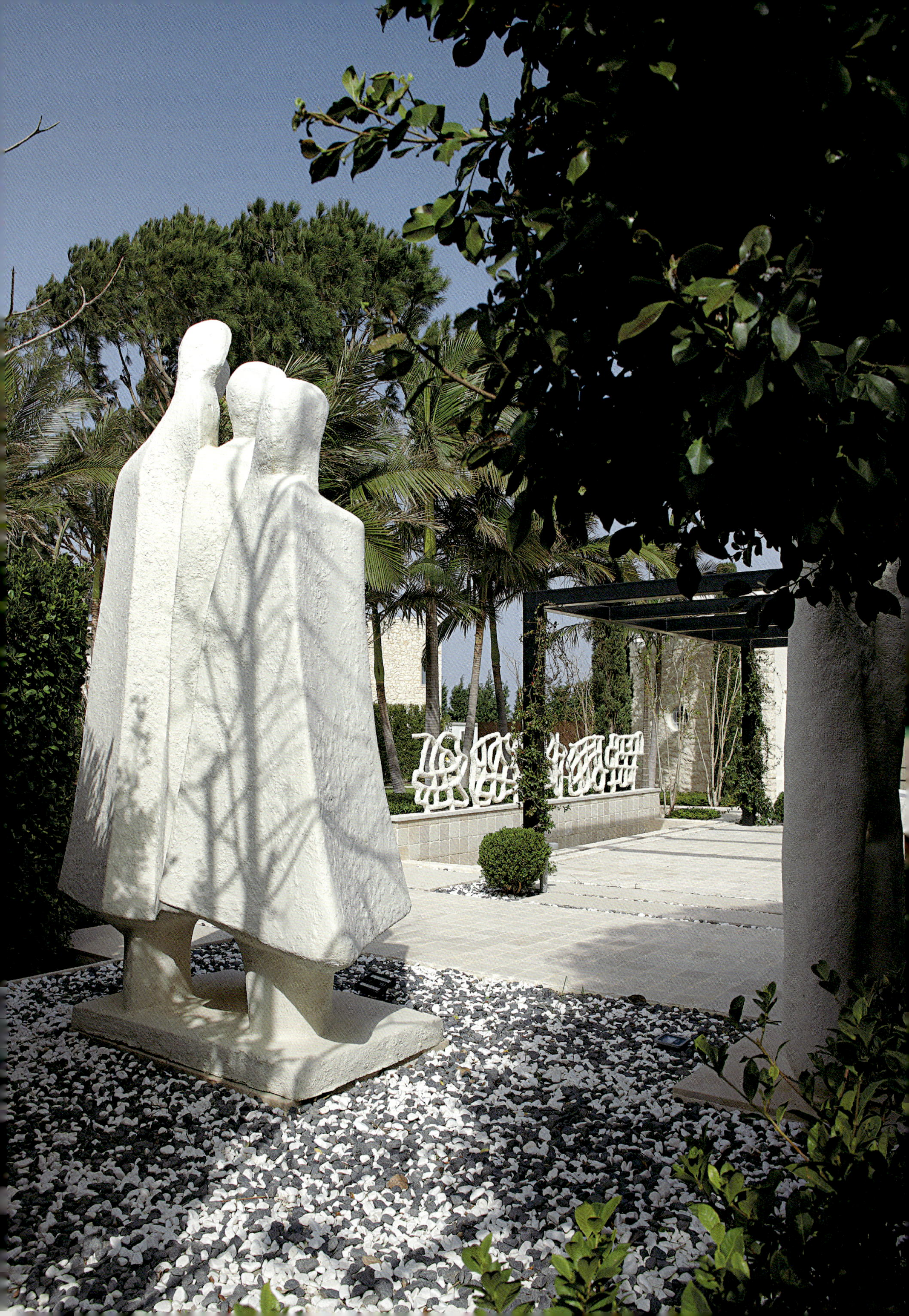

comes to execution you can execute one" still inspire my drive today. He was adamant that creations, whatever they may be, should be in the finest and clearest form.

It was his joy to see us engaging in the creative process, his world, challenging us to discover ourselves. Alfred once developed one of my drawings into a mold, and cast it in bronze, showing me if you work hard you can develop your artistic sense; eventually my creations would come to life.

He had great passion to art history and the impact that art has on the past and modern life of humanity. And from this point he wanted to preserve his vision by creating a foundation that can preserve the legacy of his work and pass it to generation to come.

The lack of governmental institution to preserve and support modern art in Lebanon was crucial and frightening for him, and from this sense of instability stemmed the creation Alfred Basbous Foundation, setting the tone of Alfred's cultural aims for it and humanitarian aims for the future of his life and work. Alfred had great respect for human life and would always say "The work of art is very important, but what is more important is two people engaging, elaborating, and debating the artwork."

This is reflected in his work, the human figure is always glorious and elegant in the forms given to the sculpture and the subject of the artwork, even in abstraction we can always sense in his pieces the organic forms and minimalistic lines.

Through his work, my father echoed the resounding transformation of society through bringing harmony and positivity to the conscience of man. Regardless of the fact that at this time he witnessed the Lebanese Civil War (1975-1990), his language remained universal. I feel this was his message, how he believed we should live, without ignorance of the war, but allowing his fascination for peace to work in tandem with the chaos around him.

I lived for some time in the belief that Art was difficult, it took time for me to understand the work of Alfred, a journey of discovery of my father began later on, a journey I am still on to this day. Through Alfred I see that art is about ourselves, how we questions our existence, how we evaluate our values, morals–how we see our self-reflection.

I couldn't go forward with the foundation without having a deep understanding of Alfred's artistic legacy. It is not because he is my father or my friend, but because I followed his advice to work more and challenge myself, discovering Alfred was the best school for my life ahead. As ever,

Les Trois Frères, 1995
Béton peint en blanc / Concrete painted in white
320 × 220 × 120 cm

Pages suivantes / Following pages
La Fondation Alfred Basbous, Rachana, Liban / The Alfred Basbous Foundation, Rachana, Lebanon

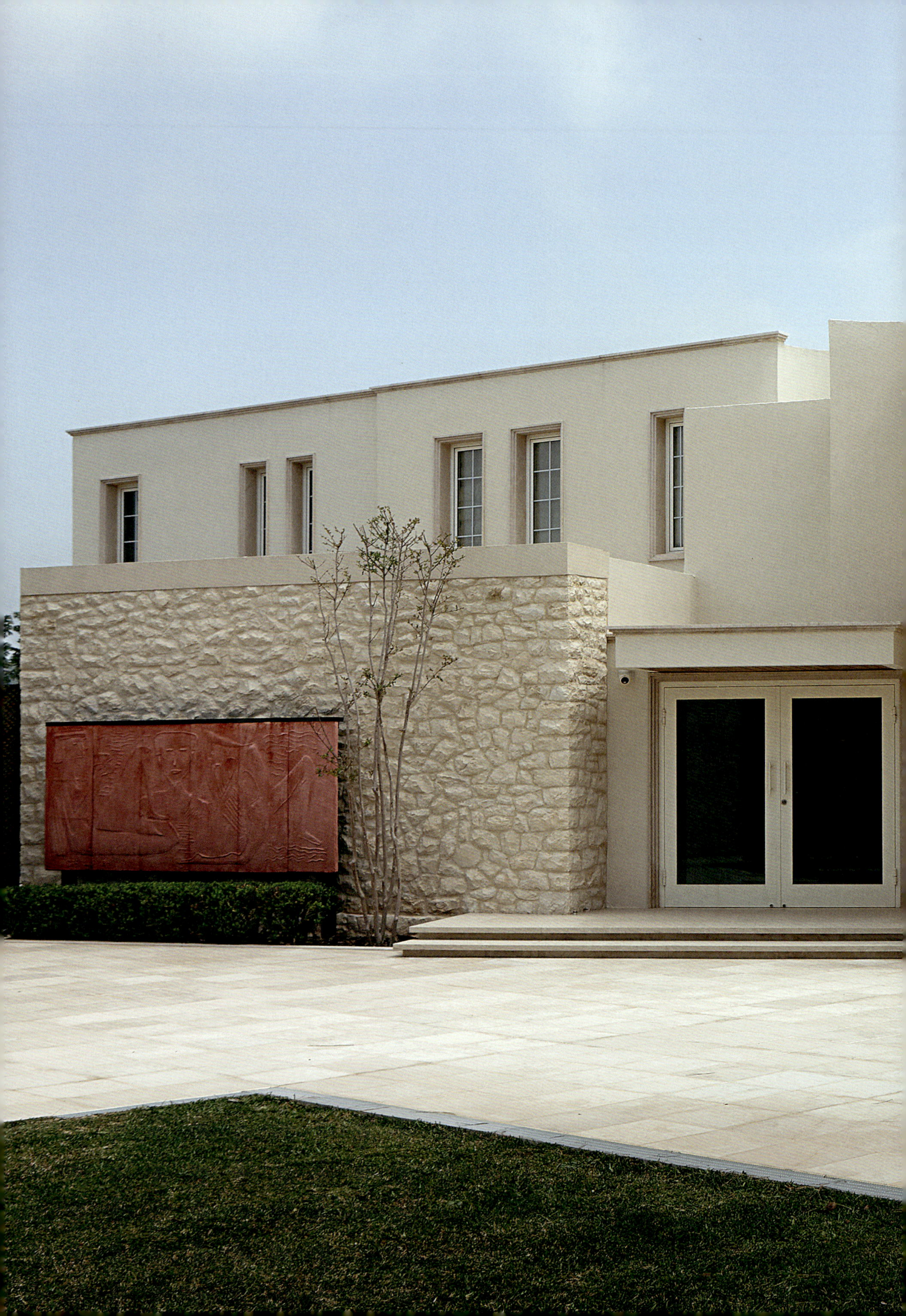

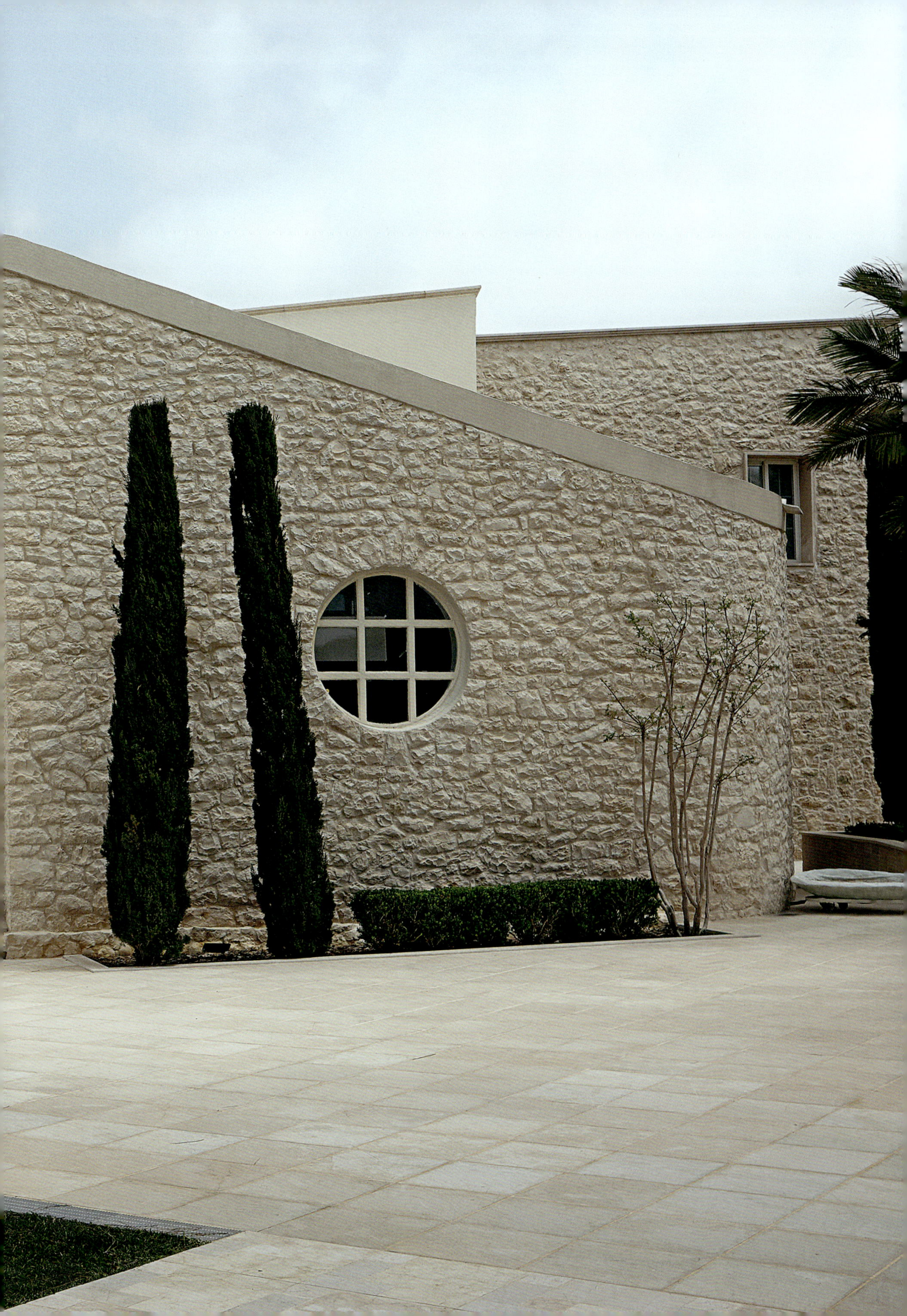

proximité, nous devions capter son attention, nous relier à lui par le dessin ou en exprimant la curiosité que suscitaient en nous ses recherches et son travail.

Notre famille se rassemblait ainsi, autour d'un travail artistique, par le dessin ou la conversation ; telle fut ma rencontre directe avec la démarche créative. Les mots de mon père – « Tu auras beau avoir un million de pensées et d'idées, quand il s'agira de les réaliser, tu ne pourras en exécuter qu'une seule. » – m'inspirent et me motivent aujourd'hui encore. « Quelle qu'elle soit, toute création », déclarait-il de la façon la plus catégorique, « doit se présenter sous sa forme la plus belle et la plus évidente. »

Nous exhortant à nous découvrir nous-mêmes, c'était une joie pour lui de nous voir nous engager dans la création, dans son univers. Un jour, il a modelé un moule sur la base d'un de mes dessins et l'a coulé en bronze, me montrant ainsi qu'avec un travail assidu, il m'était possible de développer mon sens artistique et que mes créations finiraient par prendre vie.

Il se passionnait pour l'histoire de l'art et les répercussions de l'art sur le passé et la modernité de l'humanité. De sorte qu'il a souhaité inscrire sa vision dans un cadre durable, en fondant une structure à même de conserver son œuvre, perpétuer son héritage et le transmettre aux générations futures.

Alarmé par l'absence de toute institution étatique libanaise ayant pour objet la conservation et le soutien de l'art moderne, et déterminé à lutter contre le sentiment de précarité qui en résultait, il a créé la Fondation Alfred Basbous, donnant ainsi le ton de ses ambitions culturelles et de ses visées humanitaires pour le Liban et s'agissant de son avenir personnel et de celui de son œuvre. Profondément respectueux de la vie, il disait souvent : « L'œuvre d'art est essentielle, mais ce qui est plus important encore, c'est que deux personnes puissent se rencontrer et échanger leurs idées pour débattre de l'œuvre d'art. »

Cette philosophie se reflète dans son travail : la figure humaine ne se départit jamais de sa beauté ni de son élégance dans les formes données à la sculpture et au sujet de l'œuvre ; même dans ses pièces abstraites, on discerne des aspects organiques dans les lignes minimalistes.

Dans son œuvre, mon père s'est fait l'écho des retentissantes transformations intervenues dans la société en suscitant par son travail une prise de conscience de l'esprit de concorde et de la pensée positive.

Les Trois Frères, 1995
Béton peint en blanc /
Concrete painted in white
320 × 220 × 120 cm

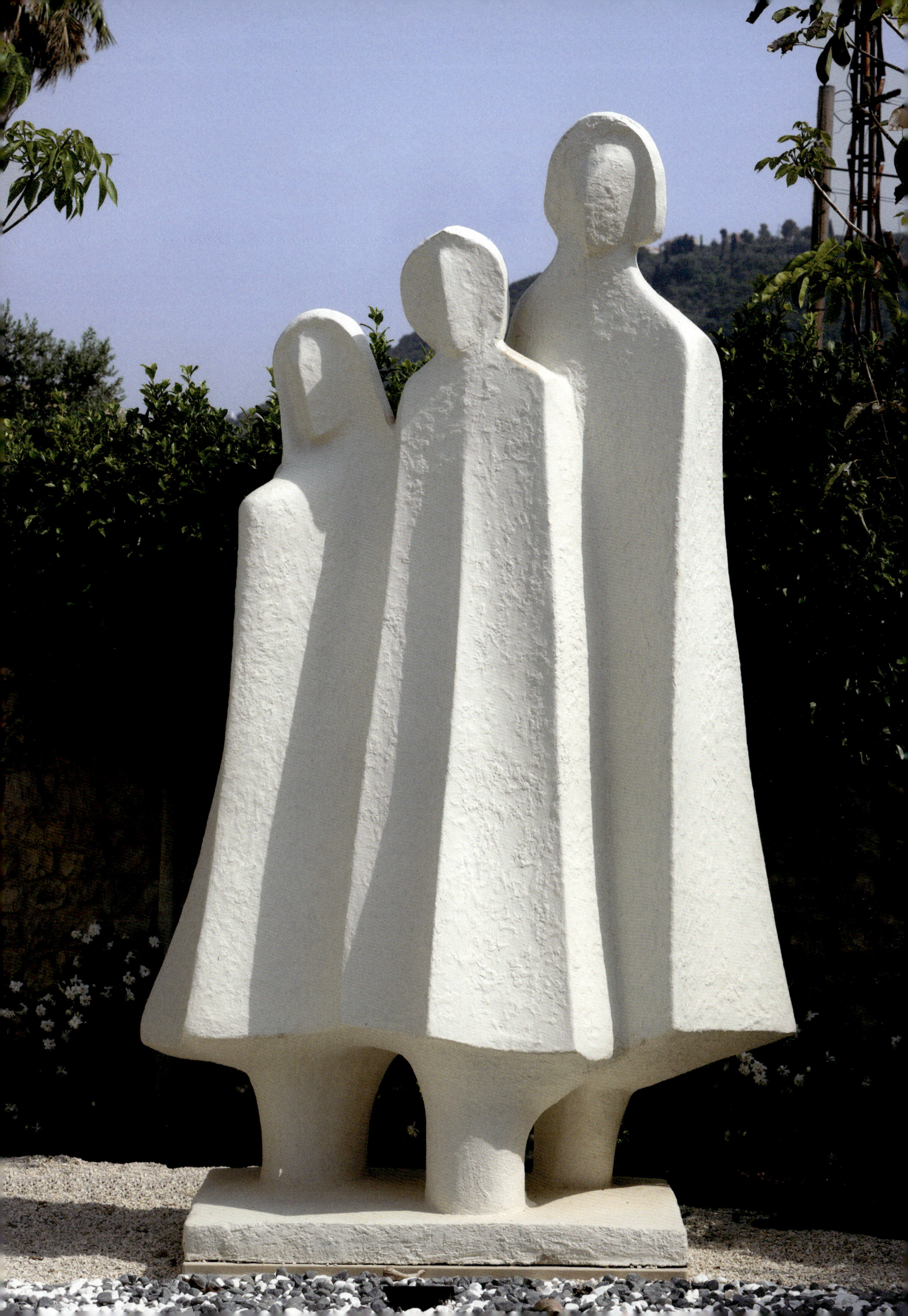

Bien qu'il fût témoin de la guerre civile libanaise (1975-1990), son langage est resté universel. J'ai le sentiment que tel était son message : il était convaincu que nous devions vivre sans ignorer la guerre, mais en faisant en sorte que nos aspirations à la paix puissent œuvrer de concert avec le chaos environnant.

J'ai vécu longtemps dans la croyance que l'art était difficile. Il m'a fallu du temps pour comprendre le travail d'Alfred, comme un voyage entrepris plus tard, et dans lequel je suis encore engagé, à la découverte de l'œuvre de mon père. Grâce à lui, j'ai pu concevoir que la raison d'être de l'art, c'est nous-mêmes, qu'il concerne nos interrogations sur notre propre existence, la façon dont nous évaluons nos valeurs, notre morale, le regard introspectif que nous portons sur nous-mêmes.

Je n'aurais pu aller loin dans mon travail à la tête de la Fondation Alfred Basbous sans avoir une connaissance approfondie de l'héritage artistique d'Alfred Basbous. Et ce non parce qu'il fut mon père ou mon ami, mais parce que j'ai mis en pratique son conseil – travailler davantage et me remettre en question –, comprenant qu'à ses côtés, j'avais appris à la meilleure école qui soit pour ma vie future. Comme d'habitude, il y a toujours beaucoup plus à apprendre et beaucoup plus à faire, mais les mots de mon père demeurent ma boussole : « On ne peut réaliser qu'une seule idée à la fois. »

Je souhaite remercier ici Sam Bardaouil pour la ténacité avec laquelle il fait connaître au monde l'histoire de l'art du Moyen-Orient ; l'ensemble des membres du conseil d'administration de la Fondation Alfred Basbous et en particulier Salim Khoury pour son engagement personnel ; Roxane Zand pour sa compréhension profonde et ses brillantes analyses de l'œuvre d'Alfred Basbous ; Marie, ma chère mère, modeste et discrète ; ma sœur Zeina, qui avait une connexion très forte avec mon père. En acceptant cette responsabilité prestigieuse, j'espère pouvoir répondre sans faillir aux attentes, continuer à en apprendre davantage sur Alfred Basbous et partager mes découvertes avec le public à l'occasion de la parution prochaine de notre catalogue monographique.

there is always a lot more to learn and a lot more to do, and I remain under the guidance of my father's words–we can only execute one idea at the time.

I would like to thank Sam Bardaouil on his efforts telling the world the story of Middle Eastern art; all the members of the Foundation board commitee, especially Salim Khoury for his genuine efforts; Roxane Zand who understood Alfred Basbous brilliantly and profoundly; the modest, humble, quiet Marie, my beloved mother; my sister Zeina, who had a deep connection with my father. Accepting this most prestigious responsibility, I hope to always live up to the expectations, and continue to learn more on Alfred Basbous, and share with you all my findings in our next monograph catalogue.

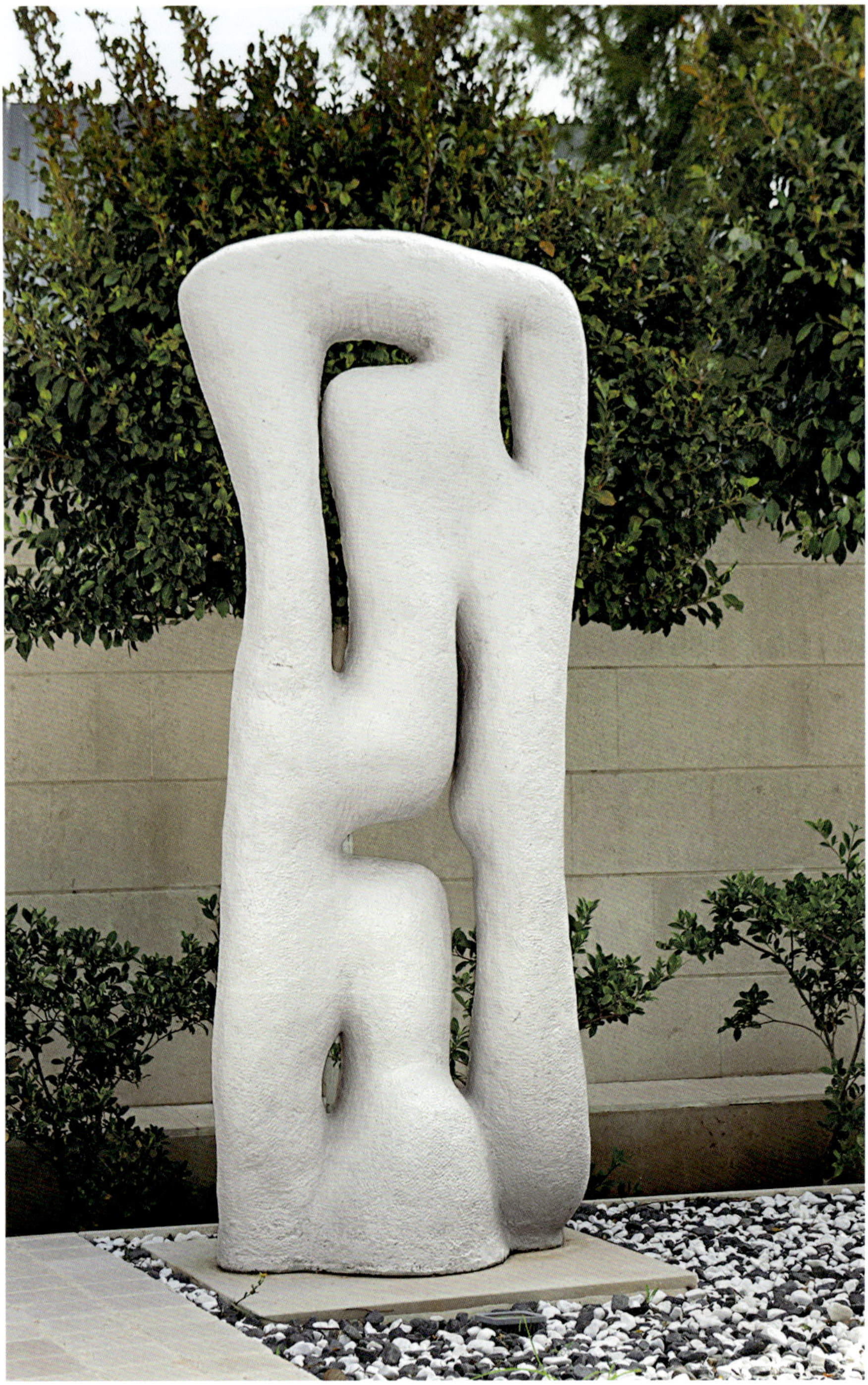

Organic Abstract, circa 1960-1970
Béton peint en blanc / Concrete painted in white
230 × 90 × 60 cm

Femme assise, 1990
Béton peint en blanc / Concrete painted in white
217 × 140 × 90 cm

Pages suivantes / Following pages
Composition, circa 1980-1990
Haut-relief composé de cinq parties / High relief in 5 parts
Béton blanc / White concrete
80 × 560 × 10 cm

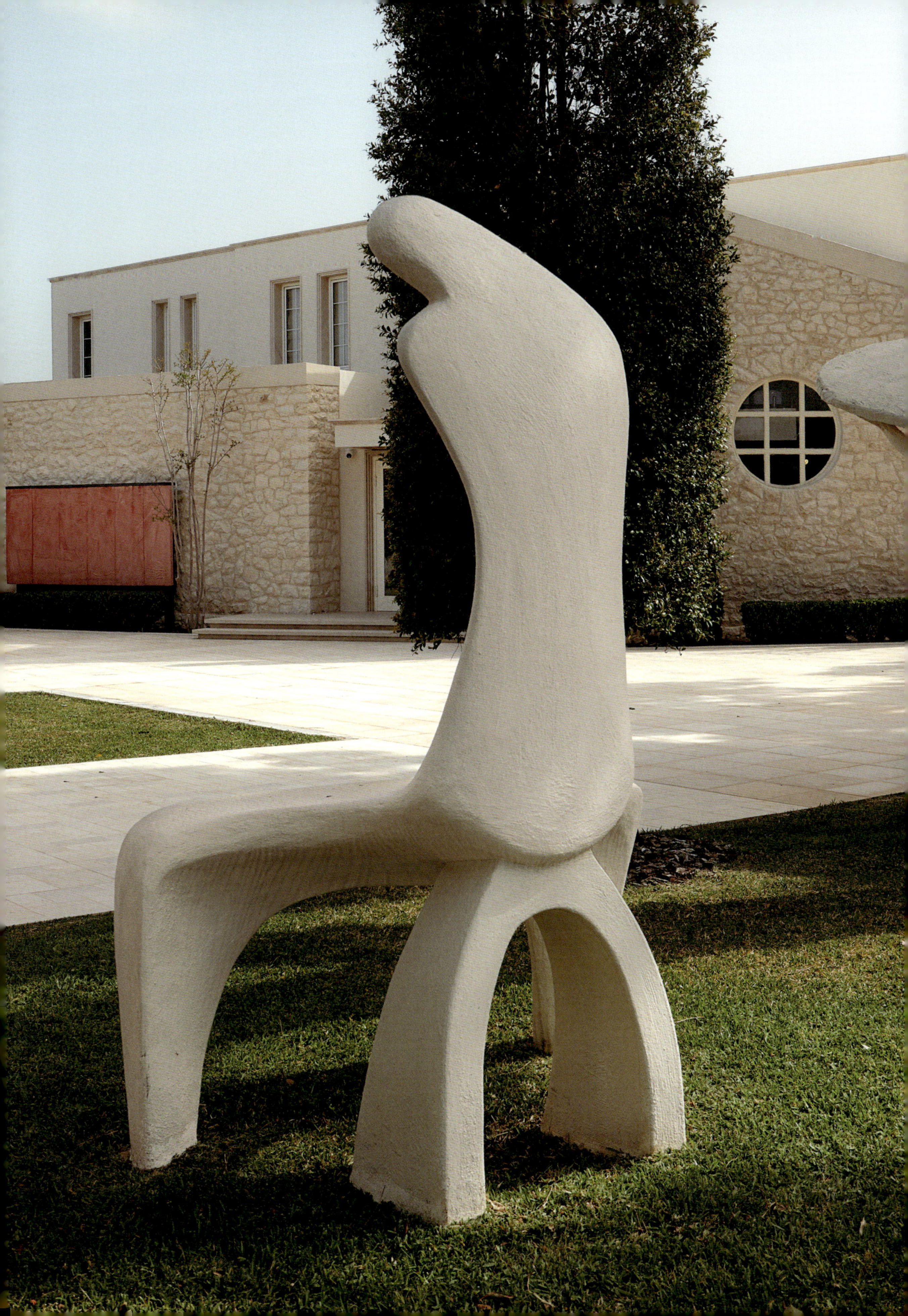

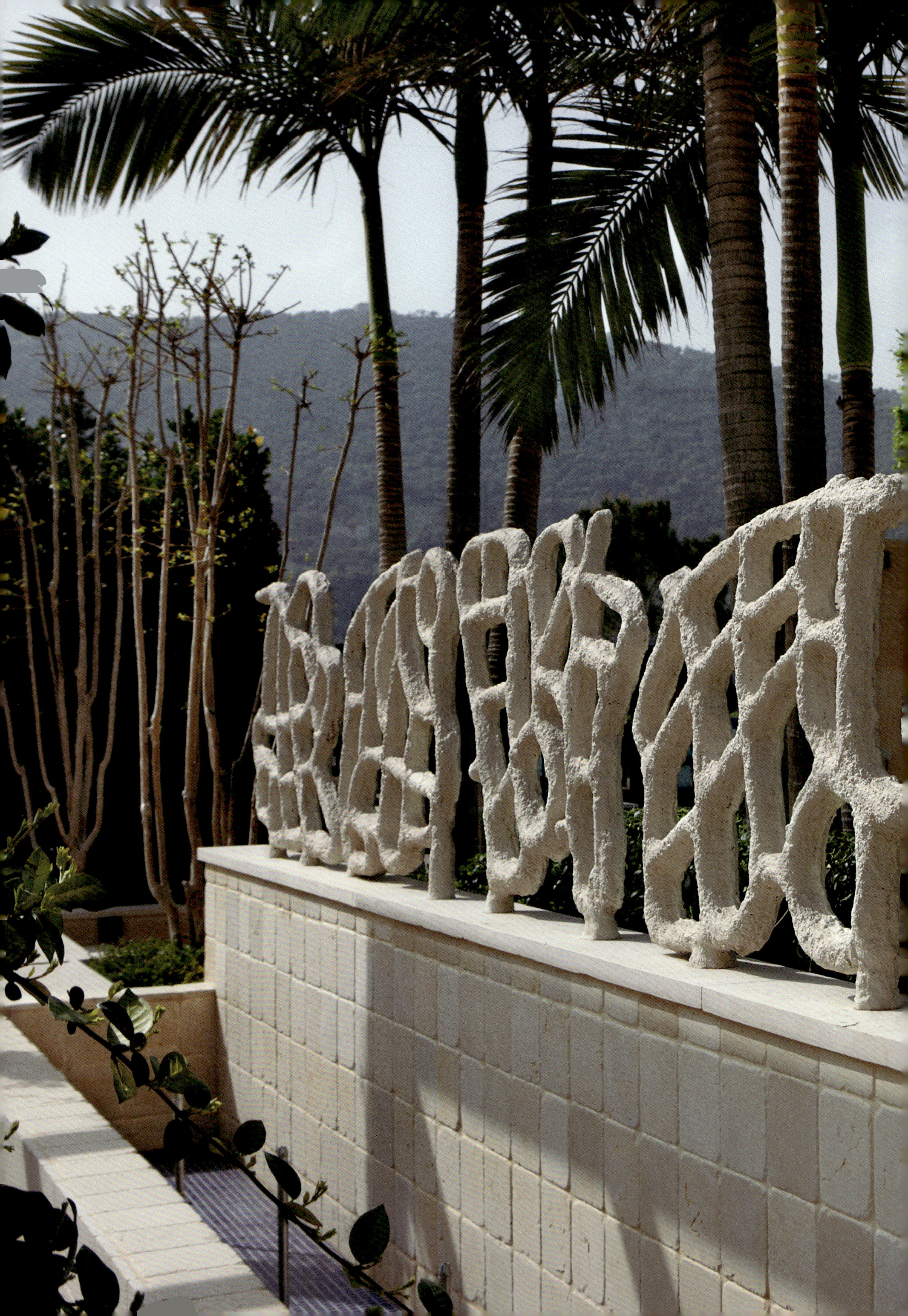

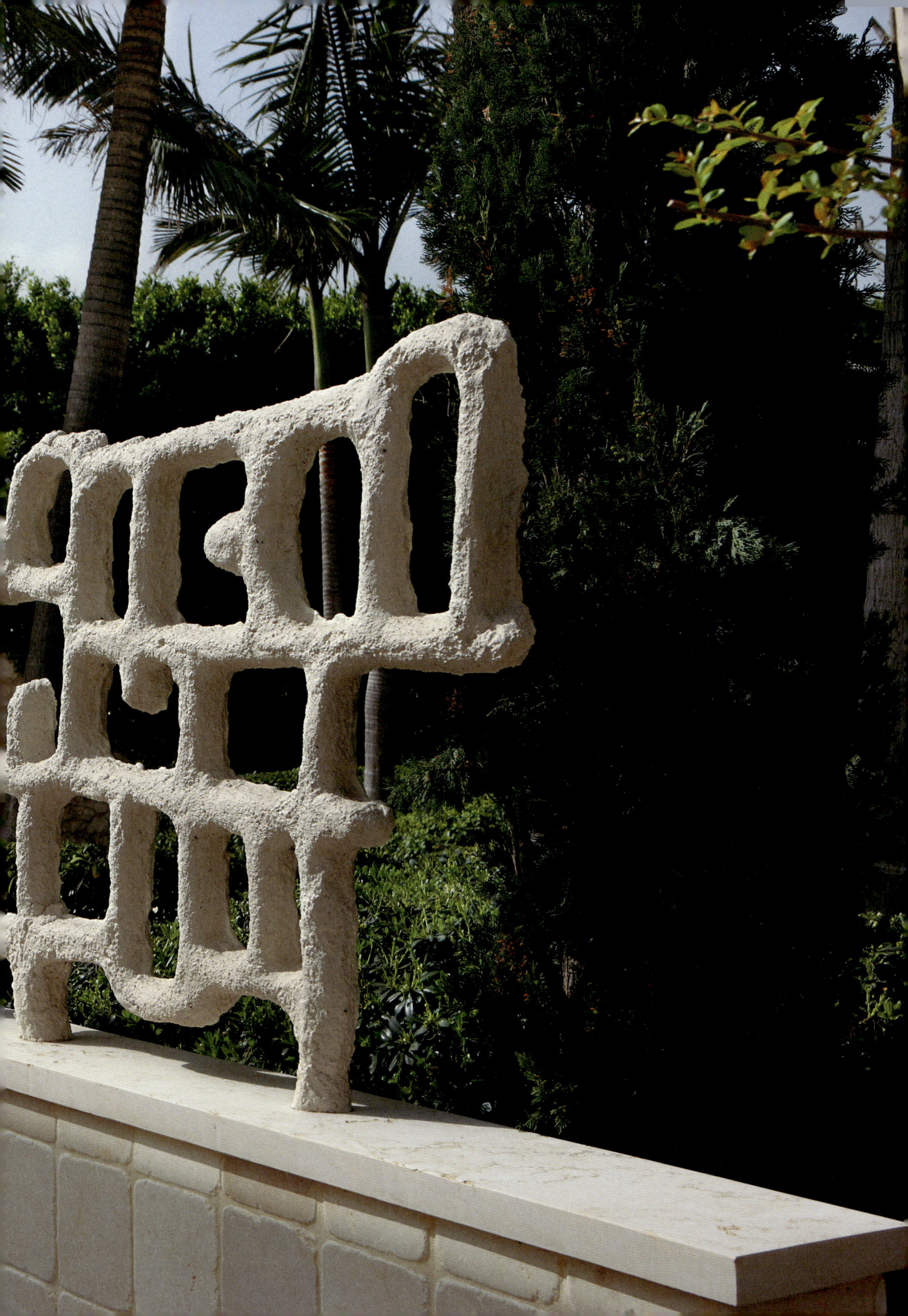

Préface

Marie Basbous

Dans mes tout premiers souvenirs d'Alfred, je le revois comme un ami de mon frère, Michel Abi Saab, à l'époque, leurs trajectoires sociales croisaient celles d'autres intellectuels de la région.

C'était au début de l'âge d'or des années 1960. Les Basbous faisaient déjà beaucoup parler d'eux. Dans mon village de Rachana, nos voisins – Alfred et ses frères – étaient en effet soudainement devenus le centre de l'attention, après avoir transformé leur atelier en plein air en une exposition de sculptures, qui allait devenir le musée en plein air.

On venait de l'étranger voir et admirer ce qui, dans mon souvenir, était les premières représentations théâtrales données dans la région. Le village devenait lentement mais sûrement un haut lieu de rencontres d'artistes, d'intellectuels et de poètes. Alfred, l'un des pionniers de l'avant-garde les plus dynamiques que la région ait jamais connu, se trouvait au centre de cette effervescence.

Homme au charme et à l'élégance authentiques, Alfred Basbous était animé par une vision, mais il avait aussi l'énergie et le savoir-faire pour la réaliser, sans rien perdre de sa modestie, de sa simplicité et noblesse d'esprit vis-à-vis de tous ceux qui avaient le plaisir de le rencontrer.

Dans un climat aussi dynamique et stimulant, entre ses voyages à Paris et ses expositions à l'étranger, il lui fallut un certain temps avant de faire ma connaissance, sa notoriété grandissait rapidement tandis que son œuvre était saluée dans le monde entier.

Mes premiers véritables échanges avec Alfred datent de l'époque où il m'a exprimé son souhait de sculpter mon visage, une expérience au résultat stupéfiant et qui s'est à jamais gravée dans ma mémoire comme un magnifique souvenir. Étant ainsi témoin du travail d'un artiste profondément humain, au talent prodigieux, Alfred m'a donné le sentiment de me regarder en sculpture, une expérience extraordinaire qui ne ressemble à aucune autre que j'aie pu vivre.

J'ai posé pour Alfred à l'occasion d'une deuxième sculpture, modelée cette fois-ci dans l'argile rouge : à ma grande surprise et pour mon plus grand plaisir, il a stylisé mes cheveux et rendu abstraite une moitié de mon visage. Alfred a souri quand je lui ai demandé de m'expliquer le pourquoi de cette approche abstraite : « Marie, c'est là la part de la féminité que je ne comprends pas, et que je ne cesse de découvrir. »

Un soir, il m'a invitée à venir dans la maison-sculpture qu'il avait construite avec ses frères, et dont l'idée sous-jacente était : « habiter une

Bacchus, 1981
Ciment rose / Pink cement
144 × 325 × 8 cm

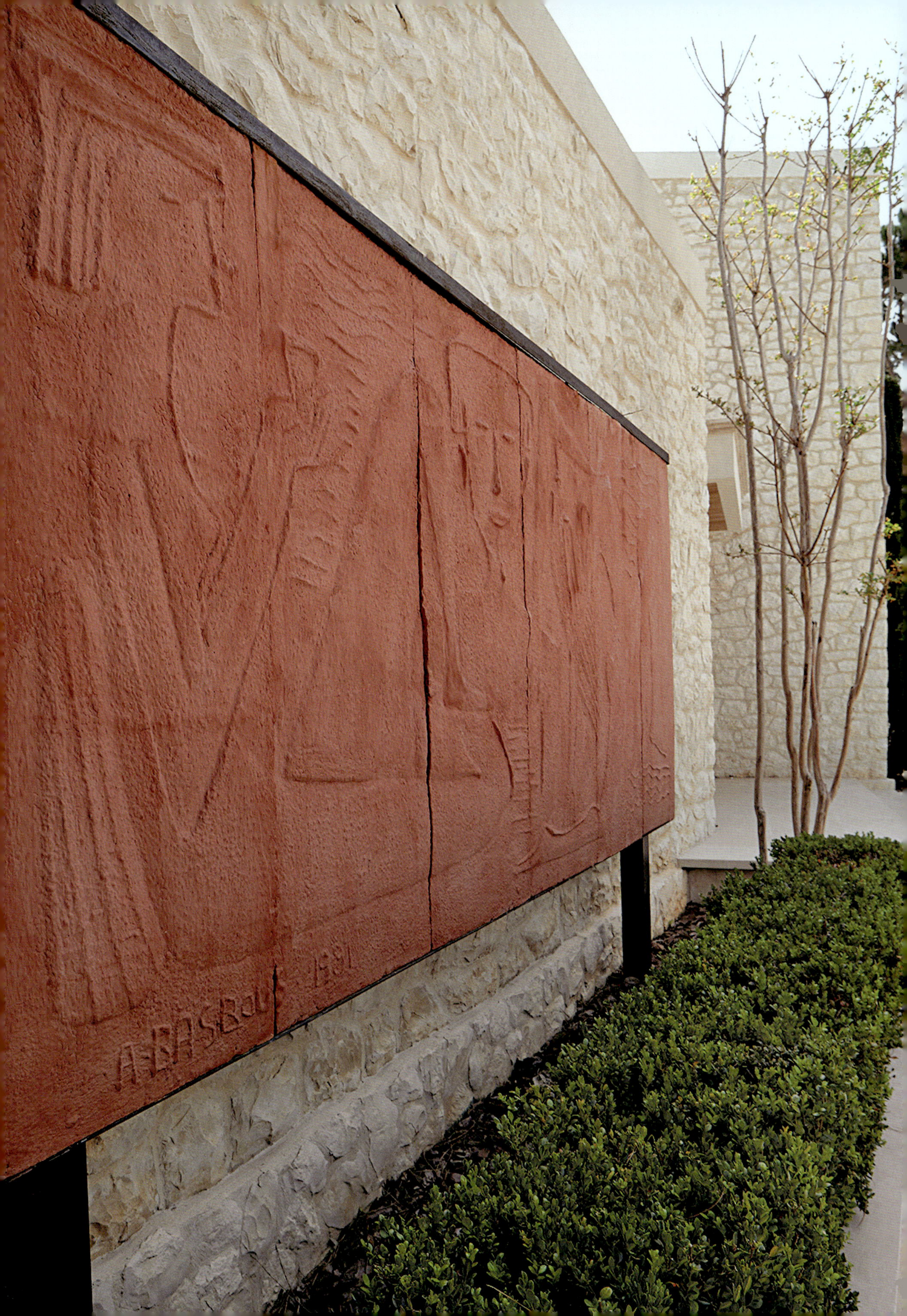
A-BASBOUS
1981

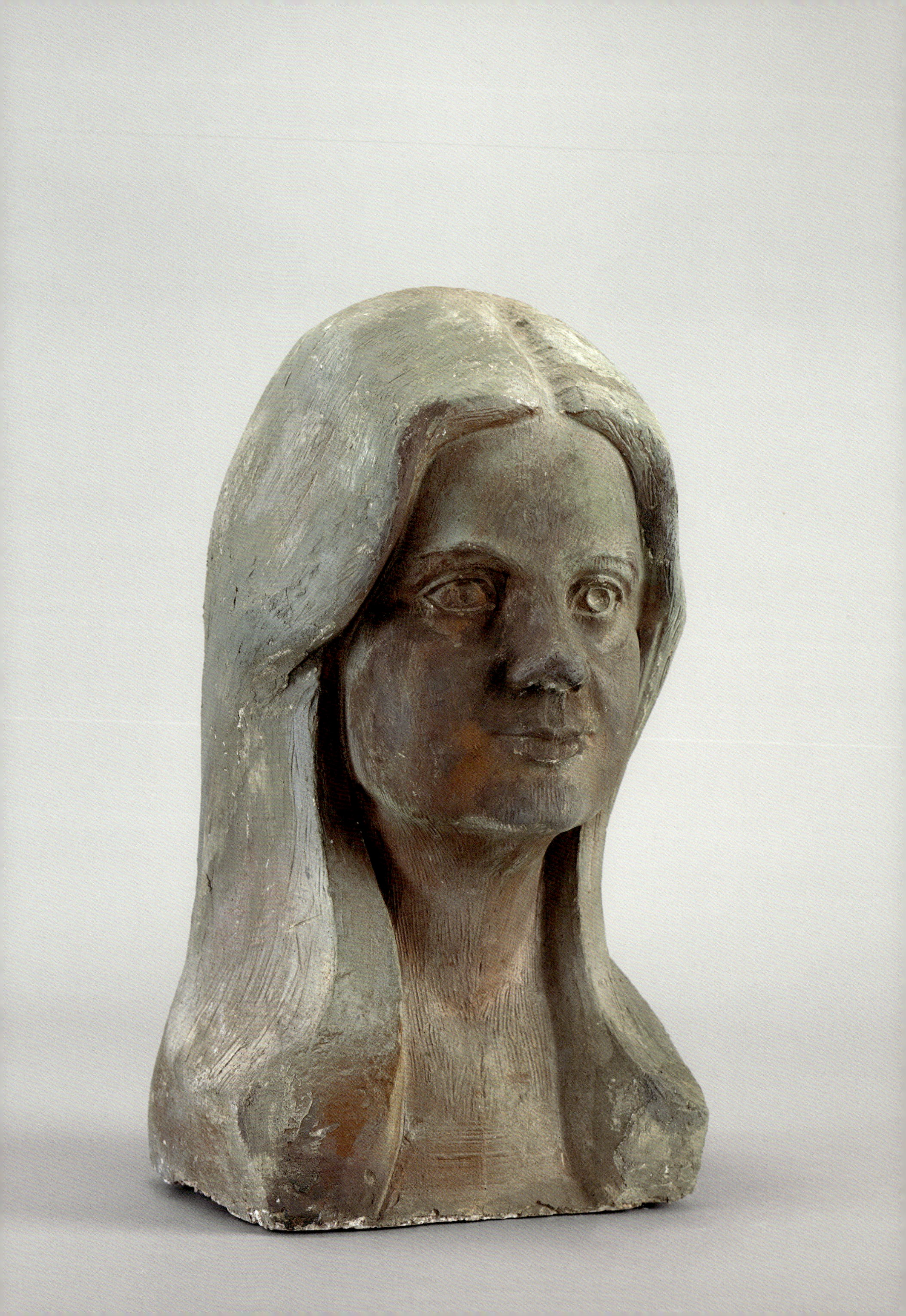

Foreword

Marie Basbous

My very first memories of Alfred were as a friend of my brother Michel Abi Saab–their social paths intertwined with fellow intellectuals in the region at that time.

It was the early days of the golden sixties' era and the Basbous name was already making waves within the region, neighbours in my village Rachana suddenly becoming the centre of attention after Alfred and his brothers had transformed there outdoor studio into a display of sculptures, which went on to become the open air museum.

I recall when visitors from abroad came to witness with awe and delight the first theatre in the region. The village slowly but surely became the hub for artists, intellectuals, and poets alike to meet. Alfred was in the centre of the buzz and one of the most dynamic pioneers that the region had ever seen.

Alfred's charming physical and elegant appearance was undeniable, a man with a vision and the energy and skills to execute it, yet humbly maintaining a simple and noble spirit with those who had the pleasure to know him.

It took him time to recognize me among all his vibrant scenery at that time, between his travels to Paris and worldwide exhibitions, a flourishing growing recognition of his artwork that very soon acquired applause from all around the globe.

My first real interaction with Alfred came about when he asked me if he could sculpt my face. The outcome was astonishing, and a deeply memorable experience that will reside beautifully in my mind forever. To witness an artist with a profound human soul, with a tremendous artistic skill, in action. Alfred's work gave me the feeling of looking back at myself in sculpture; it was tremendous and unlike any other life experience I have had since.

I worked with Alfred on a second project, this time he worked with red argile and, to my surprise and delight, my hair was stylised, and half of my face was abstract. Alfred smiled when I asked with curiosity about the abstract approach, "Marie, this is the part of a woman that I don't understand but will always keep on discovering."

One night he invited me to the sculpture house he had built with his brothers, the ideology behind the house was *habite une sculpture*–or in English, living inside the sculpture. Alfred said to me, in a way only Alfred could, "Marie, do you feel the organic rounded forms of the house embracing you, would you like us both to hug you in an accolade and embrace you?" I found him, the house, his vision–simply wonderful. Our life together began. Our children, Fadi and Zeina came along, as did many beautiful years witness to his unprecedented achievement, as an artist, a father, and as a wonderous and magnetic human who always had an unfaltering interest in the existential dimension of the human being.

Portrait de Marie Abi Saab /
Portrait of Marie Abi Saab, 1972
Plâtre peint au spray /
Spray-painted plaster
40 × 23 × 23 cm

sculpture », autrement dit : « Qu'est-ce que ce serait que de vivre à l'intérieur d'une sculpture ? » Alfred m'a alors dit, à sa manière très personnelle : « Marie, sens-tu comment les formes arrondies, organiques, de la maison te prennent dans leurs bras ? Accepterais-tu que nous te prenions tous les deux dans les bras et que nous t'embrassions ? » Je trouvais tout cela – lui, la maison, sa vision – tout simplement merveilleux. C'est à ce moment-là qu'a commencé notre vie commune. Puis nos enfants, Fadi et Zeina, sont nés, et de nombreuses et belles années se sont succédées, au cours desquelles j'ai assisté à ses réalisations sans précédent en tant qu'artiste, en tant que père et en tant qu'homme – un homme merveilleux et magnétique, qui s'est intéressé toute sa vie à la dimension existentielle de l'être humain.

Autoportrait / Self-portrait,
non-daté / undated
Pierre calcaire blanche/
White limestone
34,5 × 29 × 29cm

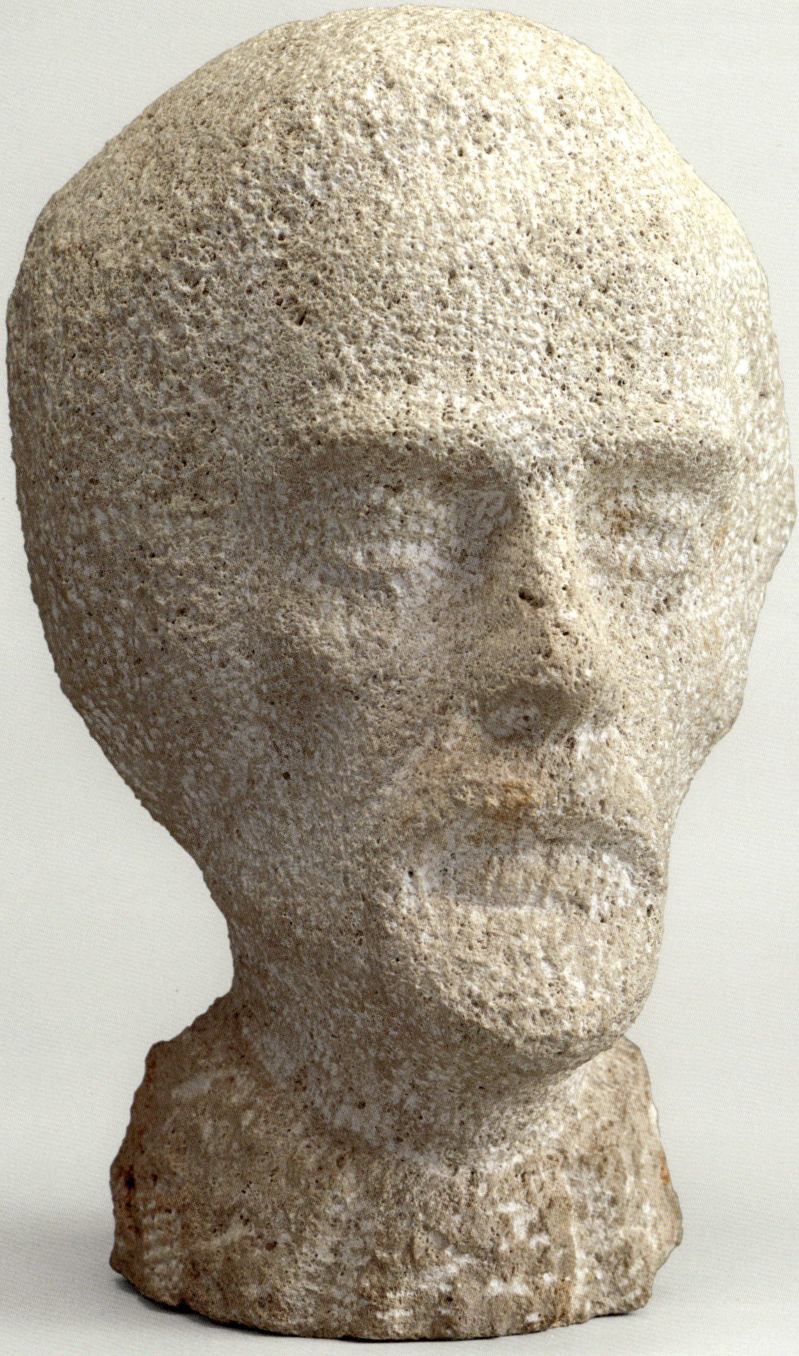

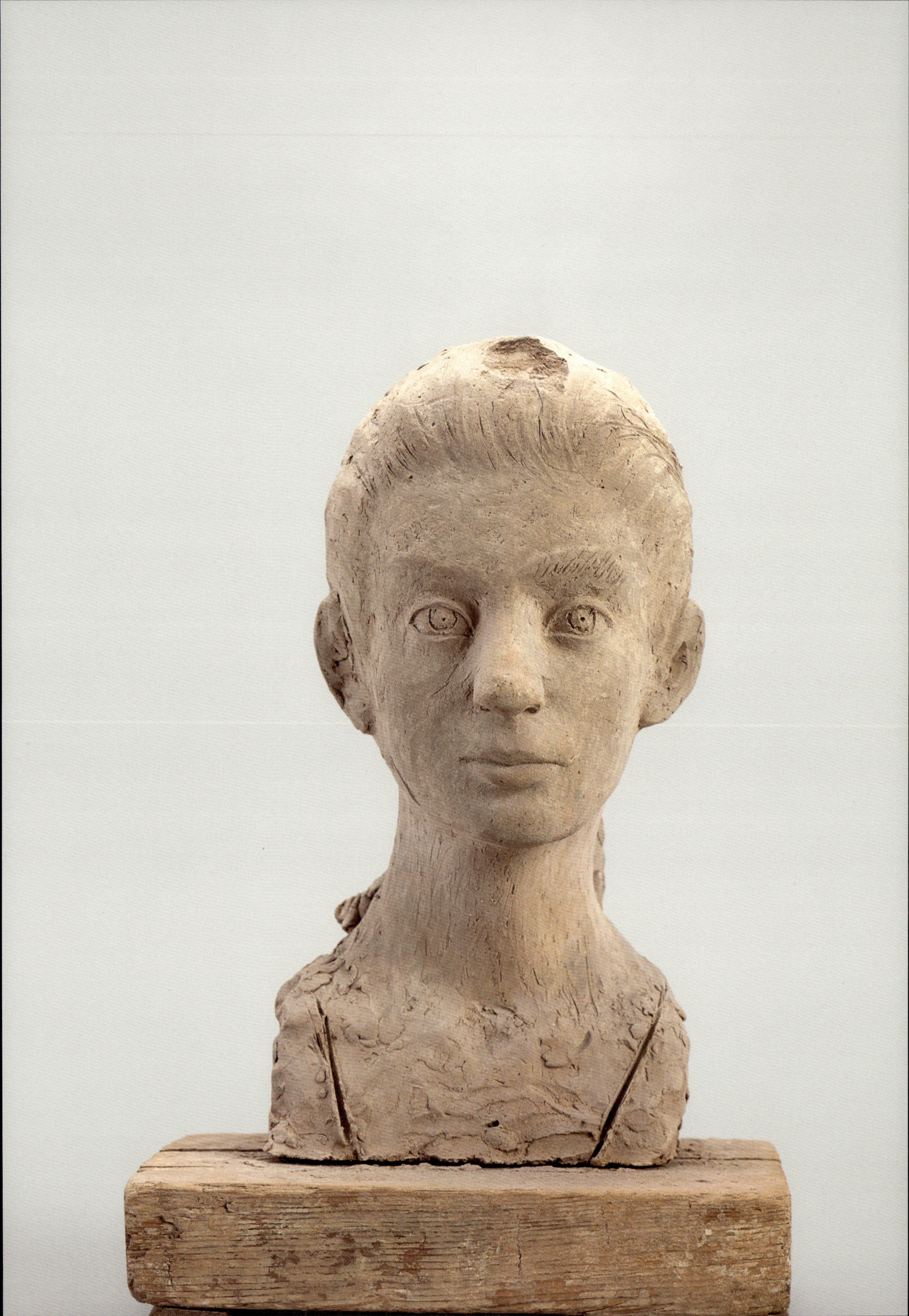

Foreword

Zeina Basbous
Head of the archive department at Alfred Basbous Foundation

Whether as a father, artist, individual, or a mentor, Alfred was the door through which we discovered the world.

Having entered the upper echelons of the art world during his golden years through his undeniable skill to translate emotions into artworks, and with the vision to leave a magnificent and enduring mark on the creative world, Alfred still remained a father at home, a man who loved spending time with, and nurturing his family. The connection was deep and valuable. Through him, we grew up appreciating and engaging with works of the great Henry Moore, Brancusi, Barbara Hepworth, Van Gogh, and Miro. The environment undoubtably had a great effect on our continued admiration towards art and life as we developed through adulthood.

Reminiscing on fond memories of childhood leads my mind to visions of Alfred warmly welcoming those who came to visit his studio, a flow of unannounced visitors, journalists, artists, students-artists and dreamers alike. My father's social fluidity and ability to host and converse with people from all walks of life allowed us to see the importance of social and communal connection, the importance of listening and learning from those around you; he loved people and he celebrated life every day.

As an artist, he didn't see rivalry in his contemporary colleagues, there was a path for everyone. For him, the only competition was challenging himself. Deep emotions were a source of inspiration, every material, every landscape, every feeling, every single thing was able to release creativity and inspire him to create something beautiful that would last. The artwork itself seemed to serve merely as the vehicle to bring about human interaction, his ultimate goal.

As a daughter, Alfred was a mentor for me. I have an admiration for him that goes beyond words. Growing up with him, listening to his dreams, visions, motivations, infused with his great love for life, and his drive to keep going, my father was a true guide throughout my lifetime with him. For Alfred, freedom was sacred, yet his most valuable and most repeated advice was: "When you sleep on your pillow at night, make sure your conscience is clear."

Portrait de Zeina Basbous /
Portrait of Zeina Basbous,
1988-1991
Terre glaise
33,5 × 18 × 24 cm

Préface

Zeina Basbous
Directrice des archives à la Fondation Alfred Basbous

Père, artiste, homme ou mentor, Alfred était l'ouverture par laquelle nous découvrions le monde.

Animé par sa vision de la sculpture et désireux de laisser une marque durable dans le monde de la création grâce à son incontestable talent pour traduire les émotions en œuvres d'art, et malgré le fait qu'à l'apogée de sa carrière il ait accédé aux plus hautes sphères artistiques, à la maison, Alfred a pourtant su rester un père. Il aimait passer du temps avec sa famille et en prendre soin, entretenant avec son entourage des relations aussi profondes que précieuses. Par son intermédiaire, nous avons grandi en apprenant à aimer les œuvres d'Henry Moore, Brancusi, Barbara Hepworth, Van Gogh et Miró, et nouer un dialogue avec elles. Un tel environnement a sans aucun doute exercé sur nous une grande influence qui s'est traduite à mesure que nous avancions en âge par une admiration constante pour l'art et la vie.

Me remémorant ces chers souvenirs d'enfance, je revois Alfred accueillir chaleureusement ceux qui venaient à l'improviste lui rendre visite dans son atelier, un flot de journalistes, artistes, étudiants – créateurs et rêveurs confondus. La grande sociabilité de mon père et l'aisance avec laquelle il recevait ces personnes issues de tous les milieux et conversait avec elles nous ont appris à identifier la portée des relations sociales et communautaires, l'importance de l'écoute, de ce que peut nous apprendre notre entourage. Alfred Basbous aimait les gens et la vie qu'il fêtait tous les jours.

En tant qu'artiste, mon père ne concevait pas que des rivalités puissent l'opposer à ses confrères : considérant qu'il y avait une voie pour chacun, il était convaincu que la seule concurrence possible consistait à se mettre lui-même à l'épreuve. L'intensité des émotions, chaque matériau, chaque paysage, chaque sentiment – tout était susceptible de libérer sa créativité, source d'inspiration d'une œuvre belle et durable. Il se souciait moins de l'œuvre en tant que telle que des interactions qu'elle suscitait avec d'autrui.

Alfred Basbous était pour moi, sa fille, un mentor. Mon admiration pour lui va bien au-delà des mots. Ayant grandi auprès de lui, en écoutant ses rêves, ses visions, ses motivations, en côtoyant son amour de la vie et sa persévérance, mon père fut pour moi, durant toute mon enfance, un véritable guide. À ses yeux, la liberté était sacrée, mais son conseil le plus précieux, qu'il me répétait le plus souvent, était le suivant : « Le soir, quand tu t'endors sur ton oreiller, assure-toi de n'avoir rien à te reprocher. »

Portrait de Fadi Basbous /
Portrait of Fadi Basbous,
1988-1991
Terre glaise
31 × 20 × 24 cm

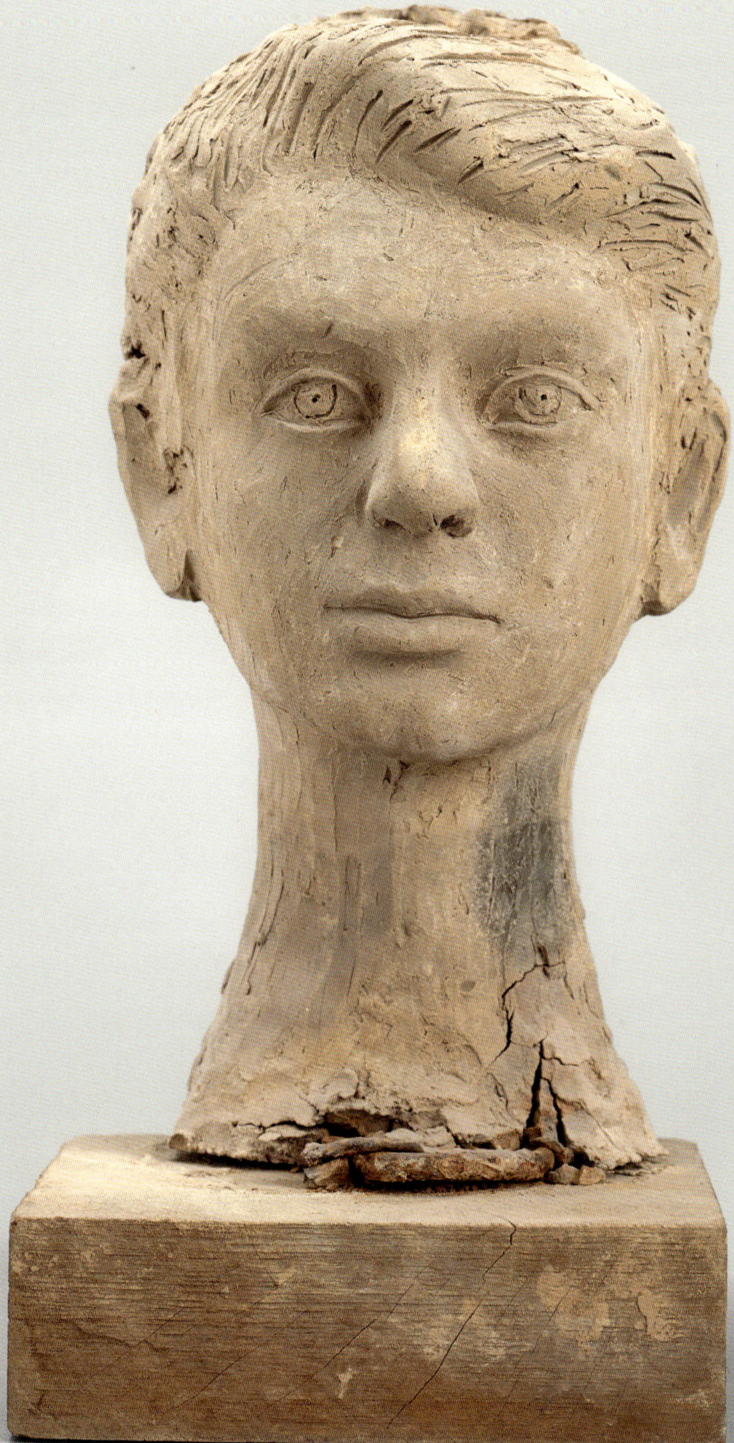

Introduction

Sam Bardaouil
Directeur du Hamburger Bahnhof, musée national d'art contemporain, Berlin

Au Liban comme ailleurs, Alfred Basbous s'est inscrit dans l'histoire de l'art moderne, plus particulièrement de la sculpture, sous la figure du pionnier. Il naît en 1924 dans le village de Rachana, au Liban, dans une famille d'artistes. Son père, prêtre, était illustrateur de manuscrits bibliques ; son frère aîné, Michel, et son frère cadet, Joseph, étaient eux aussi tous deux sculpteurs avec lesquels il collaborait régulièrement. À la suite de sa première exposition personnelle organisée en 1958 par la galerie Alecco Saab à Beyrouth, il obtient une bourse d'études à l'École nationale des beaux-arts de Paris où il travaille auprès du sculpteur René Collamarini.

Puisant son inspiration dans de nombreuses références prémodernes, de la mythologie grecque et de la culture phénicienne à l'art populaire et à l'iconographie chrétienne maronite, Basbous utilise l'espace négatif pour créer une complétude. Il réalise en pierre ou en bronze des formes biomorphes arrondies ou oblongues en moulant sa sculpture autour d'un noyau vide. Soucieux de mettre en avant la « vérité du matériau », il travaille en taille directe le medium de son choix pour donner forme à l'idée.
Outre son apport artistique, Basbous a œuvré de manière décisive pour la reconnaissance et la promotion de la pratique de la sculpture dans les milieux des arts plastiques libanais, organisant de 1994 à 2004 le Symposium international annuel de sculpture à Rachana. À sa mort en 2006, il laisse un legs qui ouvre une voie nouvelle à la sculpture dans le monde arabe et au-delà.

De son vivant, Basbous participe à de très nombreuses expositions tant au Liban qu'en Europe, présentant notamment son travail à Paris en 1961, dans le cadre de l'Exposition internationale de sculpture organisée au musée Rodin. Sa carrière est saluée par plusieurs prix, dont le prix de l'Orient à Beyrouth en 1963, le prix du Salon d'automne du musée Sursock en 1964 et 1965, le prix de la Biennale d'Alexandrie en 1974 et une médaille d'or posthume de l'Ordre du Mérite libanais.

Je me félicite que son œuvre soit ainsi mise en valeur, de manière exhaustive, dans la présente monographie et ne doute pas que celles et ceux qui découvriront sa sculpture dans les pages qui suivent seront aussi stimulés et inspirés que je l'ai été en la rencontrant pour la première fois.

Introduction

Sam Bardaouil
Director, Hamburger Bahnhof, National Museum of Contemporary Art, Berlin

Alfred Basbous was, and remains a pioneering figure within the history of modern art, sculpture in particular, in Lebanon and beyond. He was born into a family of artists in the village of Rachana, Lebanon in 1924. His father was a priest who illustrated Biblical manuscripts, while his older brother Michel and his younger brother Joseph were both sculptors with whom he collaborated regularly. He presented his first solo exhibition at Galerie Alecco Saab in Beirut in 1958 and thereafter received a scholarship to study at the École nationale des beaux-arts in Paris, where he trained with the sculptor René Collamarini.

Drawing on a range of premodern references, from Greek mythology and Phoenician culture to folk art and Christian Maronite iconography, Basbous sought to create wholeness from negative space. He achieved round or elongated biomorphic forms in stone or bronze by molding his sculptures around an empty core. Committed to bringing out the *truth in material*, he carved directly into the medium of his choice to give ideas form. Besides his contributions as an artist, Basbous was a pivotal figure in advancing the practice and appreciation of sculpture within the Lebanese visual arts community. From 1994 to 2004, Basbous organised the annual International Symposium of Sculpture in Rachana. He died in 2006, leaving behind a pathfinding legacy of sculpture-making in the Arab world and beyond.

Basbous exhibited widely in Lebanon and Europe during his lifetime, notably participating in Paris at the International Sculpture Exhibition at the Musée Rodin in 1961. He won several awards, including the Beirut Prix de l'Orient in 1963, the Sursock Museum's Salon d'Automne prize in 1964 and 1965, the Alexandria Biennale prize in 1974, and a posthumous gold medal from the Lebanese Order of Merit. I am glad to see his work presented in this comprehensive monograph, and am confident that those who will learn about his legacy across the pages that follow will be as challenged and inspired as I was upon first encountering his work.

Un pionnier moderniste

Roxane Zand
Conseillère en art et curatrice indépendante

> « Par opposition à la peinture, la sculpture
> se définit par son altération du monde réel. »,
> Mel Bochner, *Une théorie de la sculpture*, 2013.

Dans le contexte des cultures moyen-orientales, la réception de la sculpture en tant que medium et discipline indépendante au sein des arts plastiques n'était pas aussi généralisée que celle dont bénéficiaient d'autres genres comme la peinture. Malgré l'existence de chefs-d'œuvre antiques en trois dimensions (sculptures, reliefs en pierre, statues et monuments du Proche-Orient ancien), les étudiants en art et histoire culturelle de la région abordaient le plus souvent, et en tout premier lieu, les traditions des livres, manuscrits, folios coraniques, miniatures et autres œuvres en deux dimensions. Les objets et chefs-d'œuvre tridimensionnels abondent dans les cultures islamiques et moyen-orientales, mais ils étaient fréquemment associés aux arts décoratifs ou revêtaient une fonction strictement utilitaire, le plus souvent dans un contexte d'ornementation religieuse. La sculpture en tant que pure célébration de la forme traduite dans le matériau apparaît par conséquent comme un phénomène moderne[1].

Dans son développement historique, la sculpture, même dans le contexte européen, a connu des commencements mouvementés. Anciennement, la sculpture décorative ornant les bâtiments était clairement perçue comme un artisanat et une industrie. Ce n'est qu'à partir de la Haute Renaissance que des artistes qui réalisaient de prestigieuses pièces uniques, comme Michel-Ange, ont élevé le statut du sculpteur ; ce dernier devenant alors l'égal du peintre, et étant désormais admis dans les cercles restreints de l'aristocratie qui l'anoblissait et le rétribuait grassement. L'aniconisme judaïque et islamique très généralement postulé dans la région aujourd'hui désignée sous le nom de Moyen-Orient semblerait avoir freiné l'épanouissement de la sculpture en tant que tradition artistique. En réalité, en dépit des interdictions théoriques de l'islam frappant les objets tridimensionnels projetant une ombre, la région connaît depuis la plus Haute Antiquité des représentations figuratives de l'être humain et des animaux. Selon l'interprétation cléricale, ces « objets » rivalisant avec les créations d'Allah encouragent l'idolâtrie. Mais au fil du temps, et même d'un pays à l'autre, on observe l'existence de nombreuses différences qui pourraient sans doute expliquer pourquoi si peu de textes sont consacrés à l'histoire et l'évolution de la sculpture dans les cultures arabes. Ce fait pourrait également expliquer pourquoi les sculpteurs de la région sont si

A Modernist Pioneer

Roxane Zand
Art advisor and independent curator

> "Sculpture as opposed to painting, is defined
> by its alteration of the real world"
> Mel Bochner, *"A Theory of Sculpture,"* 2013

Appreciation of sculpture as a medium, and an independent part of the plastic arts within the cultures of the Middle East, was not as widely prevalent as other genres such as painting. Despite the existence of extraordinary three-dimensional early masterpieces (carvings, stone-reliefs, statues, and monuments of the Ancient Near East), it was often the tradition of books, manuscripts, Quranic folios, miniatures, and other such two-dimensional works that students of art and culture in the region were initiated with. Three-dimensional objects and masterpieces abound in Islamic and Middle Eastern cultures, but these often had an applied or utilitarian function–most often in ornate religious contexts. Sculpture as pure celebration of form translated into material, appeared as a modern phenomenon.[1]

The historical evolution of sculpture, even in the European context, had a checkered path to begin with. In early times, decorative sculpture on buildings was perceived firmly as a craft and a trade. It was not until the High Renaissance that artists such as Michelangelo–producing glorious individual pieces–elevated the status of the sculptor on a par with painters, entering the inner circles of royalty and becoming wealthy and ennobled. In the region now known as the Middle East, the widely-held assumption of Judaic and Islamic aniconism appeared to hold back the flourishing of sculpture as artistic tradition. In reality, figurative representations of man and beast date to early antiquity in the region, despite the theoretical restrictions in Islam about three-dimensional objects that cast shadows. These "objects," in clerical interpretation, rival the creations of Allah and encourage idolatry. Over time, and even between countries, many differences are seen, a fact which may arguably account for why there is so little written about the history and evolution of sculpture in Arab cultures. It may also explain why sculptors in the region are so often perceived as mavericks and lone stars who had to blaze a path in the absence of a structured cultural framework.

In the early twentieth century, many Arab artists left their native country to study in Europe due to the lack of local teaching centers and the availability of government grants or other bursaries to train abroad. traditional arts education took the form of apprenticeships,[2] which had the

souvent perçus comme des marginaux anticonformistes et des étoiles solitaires qui ont dû se frayer un chemin en l'absence de tout cadre culturel solidement établi.

Au début du XXe siècle, en raison de l'absence de centres d'enseignement dans la région, de subventions gouvernementales ou de bourses d'études à l'étranger, nombreux furent les artistes arabes qui quittèrent leur pays natal pour aller se former en Europe. L'enseignement artistique traditionnel se faisait sous forme d'apprentissages[2] qui avaient pour caractéristique notable de ne pas s'appuyer sur les fondements de la pédagogie européenne. Il est intéressant de relever que les premiers pays arabes à adopter les pratiques et influences occidentales dans le cadre d'un enseignement moderne ont été le Liban et l'Égypte, en raison de la présence dans ces deux pays de missionnaires européens. Les profondes transformations esthétiques intervenues vers la fin du XIXe siècle ont engendré une renaissance artistique prélude d'une évolution au sein des arts plastiques. Ce n'est pas par hasard si, dans les années 1960, l'esthétique occidentale et l'art moderne commencent à poindre dans la péninsule arabique – qui regroupe aujourd'hui l'Arabie saoudite, le Bahreïn, les Émirats arabes unis, le Koweït, Oman, le Qatar et le Yémen. Les artistes qui s'étaient formés à l'étranger rapportaient avec eux les influences occidentales tout en apprenant à fusionner les vieilles traditions patrimoniales avec leurs nouvelles sources d'inspirations.

Durant l'entre-deux-guerres, cette double influence résultant de la présence française et britannique dans la région a également eu une incidence sur la situation géopolitique. Le mandat français ayant été établi sur le Liban et la Syrie en 1919, tandis que la Palestine, l'Irak et la Jordanie étaient placés sous mandat britannique, ces pays devinrent les cadres d'évolutions sociales différentes. Les Français étaient plus intéressés par les questions culturelles tandis que les Britanniques se concentraient davantage sur les infrastructures, et ces disparités laissèrent nécessairement des traces sur les territoires qu'ils administraient. C'est ainsi qu'au Liban l'importance des arts fut vite reconnue et célébrée.

Dans ce contexte, l'activité et l'ascendant de trois frères originaires de Rachana, paisible village surplombant la ville de Batroun, ont représenté un jalon historiquement significatif dans la trajectoire de la sculpture libanaise. Malgré l'absence dans la région d'autres praticiens de la sculpture et de pairs contemporains, Alfred Basbous – celui des trois frères qui a rencontré le plus grand succès sur le plan artistique – fut l'un de ceux qui partirent se former à l'étranger, à savoir en 1960 à Paris, le centre de la création artistique de l'époque. Avant lui, d'autres sculpteurs arabes d'importance avaient également étudié dans la capitale française et façonné par la suite l'histoire de la sculpture de leurs pays respectifs. Notamment, dans les années 1920, Mahmoud Mokhtar que l'on considèrera comme le père de la sculpture égyptienne, et, dans les années 1930, l'Irakien Jewad Selim. Tous deux, à leur manière, furent des précurseurs, à l'instar de Basbous. Mais les similitudes s'arrêtent ici, car si la question de l'édification d'une identité nationale préoccupait Mokhtar et Selim, Basbous était issu d'une matrice somme toute plus puriste. Il était de cœur et d'esprit tailleur de pierre : un homme qui aimait la matérialité de sa pratique et dont la créativité s'exprimait sur un plan spirituel profondément esthétique.

notable difference of not relying on Western/European teaching foundations. Interestingly, the first Arab countries to adopt Western practices and influences as part of their modern teaching were Lebanon and Egypt, through the presence of European missionaries. The radical changes in aesthetics that took place towards the end of the nineteenth century gave rise to an artistic rebirth and evolution within the visual arts. It was not without coincidence that towards the 1960s Western aesthetics and modern art began to appear in the Arabian peninsula–which now includes such countries as Bahrain, Kuwait, Oman, Qatar, Saudi Arabia, the UAE, and Yemen. Artists that had trained abroad would return with Western influences, learning to fuse their new-found inspirations with their long-held heritage.

The dual influence of French and British regional presence in the inter-war years also had an effect as a result of the ensuing geopolitics. With the French mandate having been established over Lebanon and Syria in 1919, and Palestine, Iraq, and Jordan under British influence, we see a difference in social developments in these respective countries. The French were more interested in cultural issues than the British who were more focused on infrastructure, and this inevitably left its mark over their territories. Lebanon was fast becoming a country where the importance of the arts was recognized and celebrated.

Against such a backdrop, the influence and activities of three brothers born in Rachana–a quiet village on the shoulder of the Batroun region–marked a historically significant moment in the trajectory of the development of sculpture in Lebanon. Despite the lack of practicing peers and local contemporaries, the most artistically ambitious of the three, Alfred Basbous, was one of those who went to train abroad, and found himself in Paris in 1960, the artistic hub of the time. It had been in Paris that other influential Arab sculptors, who had shaped the history of sculpture in their respective countries, had also trained. Among them Mahmoud Mokhtar, known in the 1920s as the father of Egyptian sculpture, and Jewad Selim of Iraq, nationally celebrated from the 1930s onward, both of whom, like Basbous, were each significant trailblazers. However, while Mokhtar and Selim were preoccupied with the notions of post-colonial nation-building and identity, Basbous was from an altogether more purist mould.

His was the heart and mind of the stonemason: a man in love with the materiality of his craft and creativity on a spiritual, profoundly aesthetic level. His conversations with stone and the crafting of shapes were of a different nature.

To identify early influences, predecessors or mentors aside from his brothers, would be a challenge. Alfred did not hail from a strong culture of artistic sculpting even though Rachana was known for its many stonemasons and construction. Whether the sculptors Halim Al Hajj or Youssef El Huwayek inspired him in some ways is not documented. Huwayek had also spent time in Paris and belonged to that line of Arab artists who had gained a European foundation. His Martyrs Memorial sculpture (now at the Sursock Museum) is an iconic work which used to dominate Martyrs Square. Its emotional strength and even the name *Les Pleureuses* may have awakened in an artistic soul such as Alfred's the

Ses conversations avec la pierre et le façonnage des formes étaient d'une nature différente.

Hormis ses frères, il serait difficile d'identifier ses premières influences, ses prédécesseurs ou ses mentors. Alfred n'était pas issu d'une culture profondément imprégnée de sculpture d'art – quand bien même ses nombreux tailleurs de pierre et ses constructions faisaient la célébrité du village de Rachana. L'hypothèse selon laquelle les sculpteurs Halim Al Hajj ou Youssef El Huwayek aient pu représenter pour lui, une source d'inspiration n'est pas documentée. Ayant également séjourné à Paris, Huwayek appartenait à cette lignée d'artistes arabes fondant leur travail sur de solides assises européennes. Son monument aux martyrs libanais (aujourd'hui conservé au musée Sursock), qui dominait naguère la place des Martyrs à Beyrouth, est une œuvre emblématique. Sa puissance émotionnelle et son titre, *Les Pleureuses*, auraient été susceptibles de susciter chez une âme artistique comme celle d'Alfred les ressources nécessaires à l'inscription des émotions les plus tendres dans la solidité, la massivité et la résistance au temps d'une sculpture ou d'un monument. Mais Al Hajj et Huwayek se focalisaient trop sur le réalisme, et les pures abstractions d'une Saloua Raouda Choucair étaient bien trop éloignées des inclinations de Basbous. Ossip Zadkine, peintre et sculpteur français d'origine russe, formé à l'École nationale des beaux-arts en 1910, incarna probablement une source d'influence plus forte, quoiqu'indirecte. Michel Basbous, frère aîné d'Alfred, avait en effet travaillé dans l'atelier de ce dernier. Mais Alfred évoqua davantage les répercussions directes sur son travail d'artistes comme Henry Moore (qu'il rencontre en 1971 et avec qui il se lie d'amitié), Barbara Hepworth, Brancusi, Miró et Jean Arp[3]. Il est patent que l'influence européenne a laissé sur lui une marque bien plus profonde. Ce qui ne l'empêcha pas de demeurer parfaitement conscient de l'importance de son propre patrimoine, déplorant le fait que nombre d'exemples remarquables de l'art phénicien ancien languissaient dans les musées à l'étranger et que les Libanais n'y avaient guère accès ou l'ignoraient peu ou prou. À l'occasion d'un certain nombre de ses créations (comme par exemple *Tête phénicienne*, 2003), il puisa son inspiration dans ces racines antiques, auxquelles il insufflait systématiquement ses singularités personnelles.

À l'instar de nombreux sculpteurs de la Renaissance, Alfred Basbous fit ses débuts dans le métier de tailleur de pierre. Il acquit ainsi une solide connaissance de la pierre, du marbre, du travertin et d'autres matériaux régionaux comme le sel de Qaq (stalactites et stalagmites de couleur terre), un type particulier de pierre jaune libanaise, et la pierre calcaire testa. Sans oublier d'autres matériaux nobles tels que le bois, le métal et le bronze qui se prêtaient tout aussi bien à son art. Ayant grandi dans un environnement familial stimulant la créativité – son père, le prêtre du village, pratiquait l'art de la calligraphie –, Alfred devait se rappeler plus tard, très précisément un son qu'il entendit durant toute son enfance, celui du crayon ou du roseau que maniait son père en dessinant. Son frère aîné Michel et son frère cadet Joseph firent tous deux montre d'un talent précoce ; ce « triumvirat » créatif a marqué de son empreinte la pratique de chacun des membres de la fratrie, que ce soit par des encouragements, des réalisations communes ou des séances de pose comme modèle. Leur environnement familial fut un terreau fertile favorisant l'épanouissement de leurs idées.

potential for capturing the most tender of emotions within the solidity and durability of a sculpture or monument. But both Al Hajj and Huwayek were too focused on realism, and the pure abstractions of Saloua Raouda Choucair were all too distant from his taste. Perhaps a stronger, yet indirect influence may have been that of Yossel Aronovich (Ossip) Zadkine, a Russo-French artist and sculptor at the École nationale des beaux arts in 1910, in whose studio Michel Basbous, older brother of Alfred, had worked. Alfred himself, however, spoke more about the direct impact of artists such as Henry Moore (whom he met and befriended in 1971), Barbara Hepworth, Brancusi, Miro, and Jean Arp on his work.[3] In his case, it was clear that the European influence had left a deeper mark. Despite this, he was keenly conscious of the importance of his own heritage. He lamented that many exquisite examples of early Phoenician art were languishing in museums abroad and that the Lebanese themselves had little access to or knowledge of them. In a number of his works (for example *Phoenician Head*, 2003) he drew on his ancient roots, always infusing it with his own special idiosyncrasies.

Alfred's beginnings, like many Renaissance sculptors, came from the trade of stonemasonry. It provided a strong understanding of stone, marble, travertine, and other local materials such as that formed by the salt of Qaq (soil-colored stalactites and stalagmites), a particular kind of Lebanese yellow stone, and testa limestone. That said, other noble materials such as wood, metal, and bronze were equally malleable to his art. He had been raised in a home environment which inspired creativity: his father, a village priest, practiced the art of calligraphy, and Alfred vividly recalled the sound of his father's pencil or reed as he sketched throughout his childhood. Older brother Michel, and the younger Joseph, both demonstrated early talent, and this triumvirate of creative brothers left marks on each other's practice–be it through encouragement, collaborative activities, or role-modeling. Their family environment was therefore a fertile breeding ground for ideas.

Having spent a formative time helping his brother Michel, it was not long before Alfred felt pressed by the need to express himself individualistically and artistically. With his brothers' full support, and emboldened by the accolades he received from his first artistic exhibition in 1958 at the Alecco Saab Gallery, he realized that the pivotal moment had arrived for him to make the transition from stonemason to sculptor.

His early work was highly representational and figurative. His early depictions of his world were highly representational and figurative articulations of a visual vocabulary.This early language was particularly focused on the female form in all its permutations. Love, fertility, anatomical curves, fused couples–all provided a rich territory of exploration in shape and form. The axis between space and volume was one which particularly fascinated him, what he called the "battleground between movements inside the work," and the subtractive void which was as striking for him as the protrusion or heft that defined a shape. Basbous was preoccupied by "...la décantation des volumes à la mise en valeur des vides, de la fluidité des courbes..."[4] In his own words, Basbous saw himself going through a "classical phase" in these early years, and rather than marking these periods as "stylistic jumps," he saw it as a progression

Ayant consacré une première période de formation à aider son frère Michel, Alfred ne tarda pas à ressentir lui aussi la nécessité de s'exprimer sous une forme artistique personnelle. Il bénéficia en cela de l'entier soutien de ses frères, et lorsque son travail rencontra un succès retentissant lors de sa première exposition organisée en 1958 par la galerie Alecco Saab, il comprit que le moment était venu pour lui d'abandonner le métier de tailleur de pierre pour embrasser celui de sculpteur. Sa première manière fut des plus figuratives. Cherchant ses marques dans la représentation du monde, il dut au préalable articuler son vocabulaire visuel. Ce premier langage artistique se focalisait plus particulièrement sur la féminité dans toutes ses permutations. L'amour, la fécondité, les courbes anatomiques, la fusion des couples – autant de thèmes offrant un riche territoire d'explorations formelles. L'axe départageant espace et volume, qu'il appelait le « champ de bataille où luttent les mouvements à l'intérieur de l'œuvre », le fascinait tout particulièrement, de même que le vide obtenu par la soustraction de matière, qui était à ses yeux aussi remarquable que les parties saillantes ou le poids définissant une forme. « La décantation des volumes à la mise en valeur des vides, la fluidité des courbes[4] » préoccupaient Basbous. Ces premières années, qu'il considérait comme la traversée d'une « phase classique », plutôt qu'une période scandée par autant de « sauts stylistiques », il les envisageait comme une progression du dialogue qu'il entretenait avec la pierre lui faisant face : « Viens », disait-il, « laisse-moi respirer en toi, te sauver de ton inertie absolue. » Cajolant les formes piégées dans la pierre, Basbous voyait dans les veines d'une roche les sillons et les traits d'un visage, ou les artères d'un être. Mais il allait bientôt s'orienter vers une plus grande abstraction : élimination des détails superficiels, troncature ou allongement des formes, plus grande attention accordée au jeu des proportions[5]. De dimensions monumentales ou plus modestes et intimes, sa sculpture exerce invariablement un attrait sur le spectateur par la séduction de ses formes ; un visage totémique, une créature bestiale fusionnée ou un corps allongé, tous parlent de l'essence de cet être dans un même langage de vérité. S'il est possible de définir le style de Basbous comme un « réalisme abstrait ou stylisé », la force des formes naturelles, qu'elles soient humaines ou animales, ne manque jamais de transparaître, ce qui a permis à la peintre Helen Khal de déclarer à propos de son œuvre : « Bien qu'un grand nombre de pièces semblent abstraites, elles ne le sont pas en fait. Basbous commence et termine avec des formes vivantes – la grâce anguleuse ou incurvée d'un torse humain, la pose instantanée dans le mouvement physique d'un animal, la tête introspective dans l'intimité de ses propres pensées. » Souvent tactiles, toujours fluides, sa maîtrise et son exploration de la ligne et de la forme dominent une production remarquablement prolifique.

Sur un plan plus personnel, Alfred Basbous pouvait se montrer d'humeur changeante, son tempérament artistique s'expliquant ordinairement par les affres de la création qui le tenaillaient. « Je vis entre l'angoisse et la satisfaction, la colère et la passion, la rupture et l'extase... Aujourd'hui, je me cherche encore. », a-t-il déclaré lors d'un entretien avec la critique Rima El Nakhel[6]. Il n'appréciait ni d'être catalogué, ni de philosopher sur sa pratique, considérant qu'il était la philosophie et le son de la masse sur le ciseau sa voix. Il qualifiait son rapport à la pierre de rituel

of dialogue between himself and the stone before him: "Come," he says, "let me breathe into you, save you from your absolute inertia." Coaxing shapes trapped inside the stone, Basbous saw the veins inside a rock to be the grooves and features of a face, or the arteries of a being. Soon however, he began to veer towards greater abstraction: the elimination of surface detail, truncation or elongations in form, and greater attention to the play of proportions.[5] Whether monumental in scale or smaller and more intimate, the sculptures invariably pull the viewer into the seduction of their shape–a totemic face, a merged bestial creature or elongated body–all speak the same language of truth about the essence of that being. While an abstract or stylized realism could be said to define his style, the force of natural shapes–human or animal–always seeped through, to the extent that artist Helen Khal has said of Basbous: "Although a large number of pieces appear to be abstract, in fact they are not. Basbous begins and ends with living forms–the angular or curving grace of a human torso, the instant pose of an animal's physical movement, the introspective head in the privacy of his thoughts." Often tactile, always fluid, his command and exploration of line and form dominated an enviably prolific output.

As a personality, Alfred Basbous could be volatile, however, his artistic temperament was typically the result of the creative struggles within himself. As he stated in an interview with the critic Rima El Nakhel, "I live between anxiety and contentment, anger and passion, brokenness and ecstasy...To this day, I am still searching for myself."[6] He did not welcome being pigeon-holed or philosophizing about his practice; he saw himself as the philosophy and the sound of the hammer as his voice. He described his relationship with the stone as ritualistic and internalized, and although he professed to have created 3,504 sculptures over a period of fifty years of productivity, each experience was a fresh start and a fresh statement for him.

Another watershed moment for Alfred Basbous was his participation in the ground- breaking Lebanese Exposition in Tokyo in 1974. Forty-four of his sculptures were exhibited, and within minutes six had been purchased. Half a million visitors eventually saw the show, but Basbous was struck by how little the Japanese audience had communicated and interacted with him. On the other hand, it was noted by the critics that the sensitivity of the works of the Basbous brothers, Michel in particular, had a strong affinity with the Japanese audience. There was a silent, mutual admiration of the simple harmonious modulations that seems to have crossed cultural barriers. The exhibition was another triumph for the Basbous trio. The brothers, and Alfred in particular, had gained an international audience for their work, and revolutionized Lebanese sculpture itself by pioneering notions of modernism.[7]

Nor was Japan the only overseas destination for showcasing Alfred's work. Exhibitions in Kuwait, Saudi Arabia, and Abu Dhabi cemented his position as a leading voice in Lebanese modernism. Having joined the well-known Association of Lebanese Artists alongside other modernists such as Rachid Semann and Saloua Raouda Choucair, he was fast becoming prominent regionally, while exhibiting alongside Picasso's

et intériorisé, et bien qu'il ait créé trois-mille-cinq-cent-quatre sculptures au cours de ses cinquante années de production, chacune était à ses yeux un nouveau départ et une nouvelle déclaration.

Autre moment décisif dans la carrière d'Alfred Basbous, sa participation à l'exposition libanaise organisée en 1974 à Tokyo, où il présenta quarante-quatre sculptures : six furent acquises en l'espace d'à peine quelques instants. Un demi-million de visiteurs virent cette exposition, mais Basbous n'en fut pas moins affecté par le peu de communication et d'interaction avec le public japonais. Pourtant, des critiques firent remarquer que les œuvres des frères Basbous, plus particulièrement celles de Michel, exprimaient une sensibilité ayant de fortes affinités avec celle du public japonais. Une mutuelle et silencieuse admiration pour les modulations simples et harmonieuses franchissait les barrières culturelles. L'exposition se solda par un triomphe pour le trio Basbous. Les frères, et en particulier Alfred, avaient « internationalisé » leur travail et révolutionné ce faisant la sculpture libanaise en incarnant l'avant-garde du modernisme au pays du Cèdre[7].

Le Japon n'est toutefois pas le seul pays étranger où fut présentée l'œuvre d'Alfred Basbous. Plusieurs expositions organisées au Koweït, en Arabie saoudite et à Abou Dhabi consolidèrent sa position de chef de file du modernisme libanais. Devenu membre de la célèbre Association des artistes libanais aux côtés d'autres modernistes comme Rachid Semann et Saloua Raouda Choucair, sa réputation acquit vite une dimension régionale, et il obtint une reconnaissance internationale en 1971 en exposant à Paris aux côtés de Picasso, et après l'acquisition d'une de ses sculptures par l'Ashmolean Museum à Oxford.

Sa fréquentation de l'atelier de Moore au début des années 1970 et les inaugurations de sculptures dans le domaine public britannique incitèrent Basbous à prendre une initiative qui s'inscrira dans son legs personnel. Il parvint en effet à persuader les pouvoirs publics libanais de soutenir la création d'un parc de sculptures en plein air. L'idée de transformer son village natal de Rachana en écrin accueillant l'œuvre de sculpteurs originaires du monde entier a abouti à la création d'un site aujourd'hui inscrit à l'UNESCO, une scène exceptionnelle mettant en valeur l'importance de la sculpture au sein du canon artistique libanais. Alfred parvint ainsi à souligner tant le rôle des collectivités locales que l'identité personnelle, à illustrer le pouvoir de la sculpture en transformant à dessein un site en un espace public utile et à établir des relations avec et entre ses spectateurs[8]. Ayant non seulement « exporté » la sculpture libanaise par l'intermédiaire des expositions internationales auxquelles il participa, il a également créé un « lieu de rencontre international en vue de revivifier l'art et la sculpture, offrant aux sculpteurs et amateurs d'art du monde entier la possibilité de se rencontrer[9] [10] ».

Vers la fin de sa vie, surnommé *Cheikh el-Nahhatine* (« le maître des sculpteurs »), il vit sa carrière honorée par de nombreux prix et distinctions[11]. Présente dans d'importantes collections, son œuvre est exposée dans le monde entier. Outre ses rencontres avec des personnalités comme Henry Moore, il a noué des amitiés avec des sommités régionales comme le sculpteur égyptien Adam Henein qui s'inspira de son initiative à Rachana pour fonder le Symposium annuel international de sculpture

work in Paris in 1971 and being acquired by the Ashmolean Museum gave him the stamp of wider recognition.

The exposure to Henry Moore's studio in the early '70s and the way sculptures were given public unveiling in Britain, led Basbous to establish yet another kind of legacy. He prevailed upon his own government to support the idea of an open-air sculpture park. Now a UNESCO site, this inspired initiative to turn his hometown of Rachana into a special setting for sculptures by artists from around the world, became a truly unique arena for platforming the importance of sculpture in the Lebanese artistic canon. Whether it was Alfred's intention to highlight the role of communities and self-identity, to showcase the power of sculpture in transforming a site into a purposeful space and to connect its viewers,[8] the fact remains that he achieved this goal. Not only had he "exported" Lebanese sculpture through his international exhibitions, he had also created an "international meeting place with the aim of reviving art and sculpture, where sculptors and art lovers from all over the world could meet."[9] [10]

By the later years of his life, this "Sheikh el-Nahhatine" as he had been nicknamed (meaning the master of sculptors), had garnered many prizes, accolades, and achievements.[11] His work had been acquired by important collections and he had exhibited around the world. Not only had he met the likes of Moore, but he had fraternized with regional luminaries such as Egyptian sculptor Adam Henein, who attributed the inspiration behind the Aswan Annual International Sculpture Symposium to Alfred's initiative in Rachana, and in fact invited him as guest of honor in 1996. Alfred Basbous, a man whose name means "light" in Aramaic, did indeed shine a light on Lebanese modernist sculpture. His was not the destiny to embrace politics–indeed, he worked tirelessly on his art during the dark years of the civil war rather than engaging with it. But he had waged his own warrior-like mission to bring the art of sculpting to the fore, and without formal manifestos about this mission, he succeeded masterfully in forging an innovative and enduring artistic legacy.

d'Assouan – Alfred Basbous en fut l'invité d'honneur en 1996. Son patronyme signifie « lumière » en araméen, et il a en effet mis en lumière la sculpture moderniste libanaise. Son destin n'ayant pas été de faire de la politique, il a travaillé d'arrache-pied à son art durant les années sombres de la guerre civile, sans y prendre part. Mais tel un guerrier, il s'est donné pour mission de mettre l'art de la sculpture au premier plan : sans publier de manifestes formels, il a magistralement réussi à forger un héritage artistique aussi novateur que durable.

Après des études à Harvard et Oxford, Roxane Zand a mené une longue carrière dans l'administration des musées et des arts, ainsi que dans le commerce de l'art. Elle a travaillé comme consultante indépendante auprès du British Museum pour de nombreux projets ainsi qu'avec d'autres partenaires avant de rejoindre Sotheby's en 2006 où elle a joué un rôle déterminant dans le développement des ventes d'art arabe et iranien. Elle a quitté ses fonctions de directrice et de vice-présidente du Moyen-Orient en 2020 afin de lancer ZandFineArts, nouveau chapitre de sa carrière de conseillère en art et de conservatrice indépendante. Elle siège actuellement au conseil du prix artistique Pictet et a été nommée Representative Deputy Lieutenant for Greater London auprès de Sa Majesté en remerciement de son action pour la promotion de l'art et la culture du Moyen-Orient.

[1] Contrairement à la peinture, et en raison de son étroite affiliation aux artisanat et arts décoratifs, il a fallu à la sculpture lutter pour conserver une situation de haut rang. L'historiographie montre par conséquent une forte inclination en faveur des sculptures qui semblent manifester une autonomie créative et une individualité d'expression.

[2] Dr SHABOUT, Nada, correspondance, 22 juillet 2022.

[3] MOORE, Henry, Dédicace à Alfred Basbous, datée du 15 février 1971, Archives Fondation Alfred Basbous.

[4] MALHAME HARFOUCHE, Nicole , « La Revue Arts et Culture / Beaux Arts », *La Revue du Liban*, 4-11 février 2006.

[5] ABI SALEH, Hani, « La lutte des mouvements », *Le Réveil*, 6 novembre 1977.

[6] EL NAKHEL, Rima, *Annahar Newspaper*, 22 juin 2004.

[7] « Comparée aux autres arts, la sculpture se caractérise par le fait qu'elle dépend à l'origine des motifs qui viennent à l'imagination du sculpteur. Mais malheureusement au cours de l'exécution de la sculpture, il manquera au sculpteur bien des choses qu'il ne pourra absolument pas saisir. L'imagination de l'artiste est une chose, l'exécution en est une autre. Un artiste peut avoir des centaines d'idées en une minute, mais au moment l'exécution de l'œuvre, il n'en réalise qu'une seule. » Entretien avec Antoinette Azar, date inconnue.

[8] Conférence « *Sculpture as Social Practice: What is Sculpture good for?* » Royal Academy of Arts, 30 octobre 2019.

[9] ASSAF, Maya, « Art Talk », *The Guide Lifestyle Magazine*, novembre 2004, p. 37-38.

[10] "Je suis venu, la première fois, à l'invitation des frères Basbous, pour jouer à Rachana « Les Sept contre Thèbes » d'Eschyle. Une pièce que j'avais montée alors que j'étais étudiant à la faculté de droit de l'Université de Nancy" – Jack Lang, actuel directeur de l'Institut du Monde Arabe, à propos de sa première visite dans la région, *L'Orient le Jour, Rencontres*, 21 juin 2016.

[11] Cependant, son succès précoce et les attentes qui pesaient sur lui semblaient le contrarier ; des journalistes l'ayant comparé à Rodin, il déclara : « Je me suis senti soudain petit, parce qu'il nous manque beaucoup de choses en fait de discipline et de d'objective préparation. » HAKIM, Victor, « Alfred Basbous et le monde extérieur », p. 88.

Harvard and Oxford educated, Roxane Zand has had a longstanding career in museum and arts administration, as well as in the commercial art world. She worked as freelance consultant for numerous projects for the British Museum and elsewhere in the art sector before joining Sothebys in 2006 where she played an instrumental role in developing and contributing to sales of Arab and Iranian art. She left as Senior Director and Deputy Chairman for the Middle East in 2020 to launch ZandFineArts, a new chapter as independent art advisor and curator. Currently she sits on the Advisory Council of the Pictet Art Prize, and has been appointed as Her Majesty's Representative Deputy Lieutenant for Greater London in recognition for her services to Middle Eastern art and culture.

[1] Unlike painting, sculpture has had to work hard to maintain an exalted place because of its close affiliation to craft and decorative art. The historiography is therefore strongly inclined towards sculptures that appear to manifest creative autonomy and individuality of expression.
[2] Dr. Nada Shabout, Correspondent, letter to author July 22, 2022.
[3] Moore, Henry, insciption to Alfred Basbous, dated. 15 February 1971, Archives Foundation Alfred Basbous.
[4] Nicole Malhame Harfouche, "La Revue Arts et Culture," *La Revue du Liban*, (4 – 11 February 2006).
[5] Hani Abi-Saleh, "La Lutte des Mouvements," *Le Reveil*, November 6, 1977.
[6] Rima El Nakhel, *Annahar newspaper*, June 22, 2004.
[7] "Sculpture has a special feature over the other arts. It depends in the beginning on the designs that come to the sculptor's imagination. But, unfortunately, during its implementation, he misses many things he cannot grasp at all. The artist's imagination is one thing and implementation is something else. An artist may imagine hundreds of things in one minute, but at the time of implementation he achieves only one idea." *Interview with Antoinette Azar*, unknown date.
[8] "Sculpture as Social Practice: What is Sculpture good for? " talk given at Royal Academy of Arts, October 30, 2019.
[9] "Je suis venu, la première fois, à l'invitation des frères Basbous, pour jouer à Rachana «Les Sept contre Thèbes» d'Eschyle. Une pièce que j'avais montée alors que j'étais étudiant à la faculté de droit de l'Université de Nancy" – Jack Lang, current Director of Institut du Monde Arabe, on his first encounter with the region, from *L'Orient le Jour, Rencontres*, June 21, 2016.
[10] Maya Assaf, "From Rachana with Love, "*The Guide Lifestyle Magazine*, (November 2004): 37.
[11] However, he himself felt somewhat thwarted by his early success and unremitting expectations of him; when he was compared to Rodin, he said, "Je me suis senti soudain petit, parce qu'il nous manque beaucoup de choses en fait de discipline et d'objective preparation." HAKIM, Victor, "Alfred Basbous et le Monde Extérieur", p. 88.

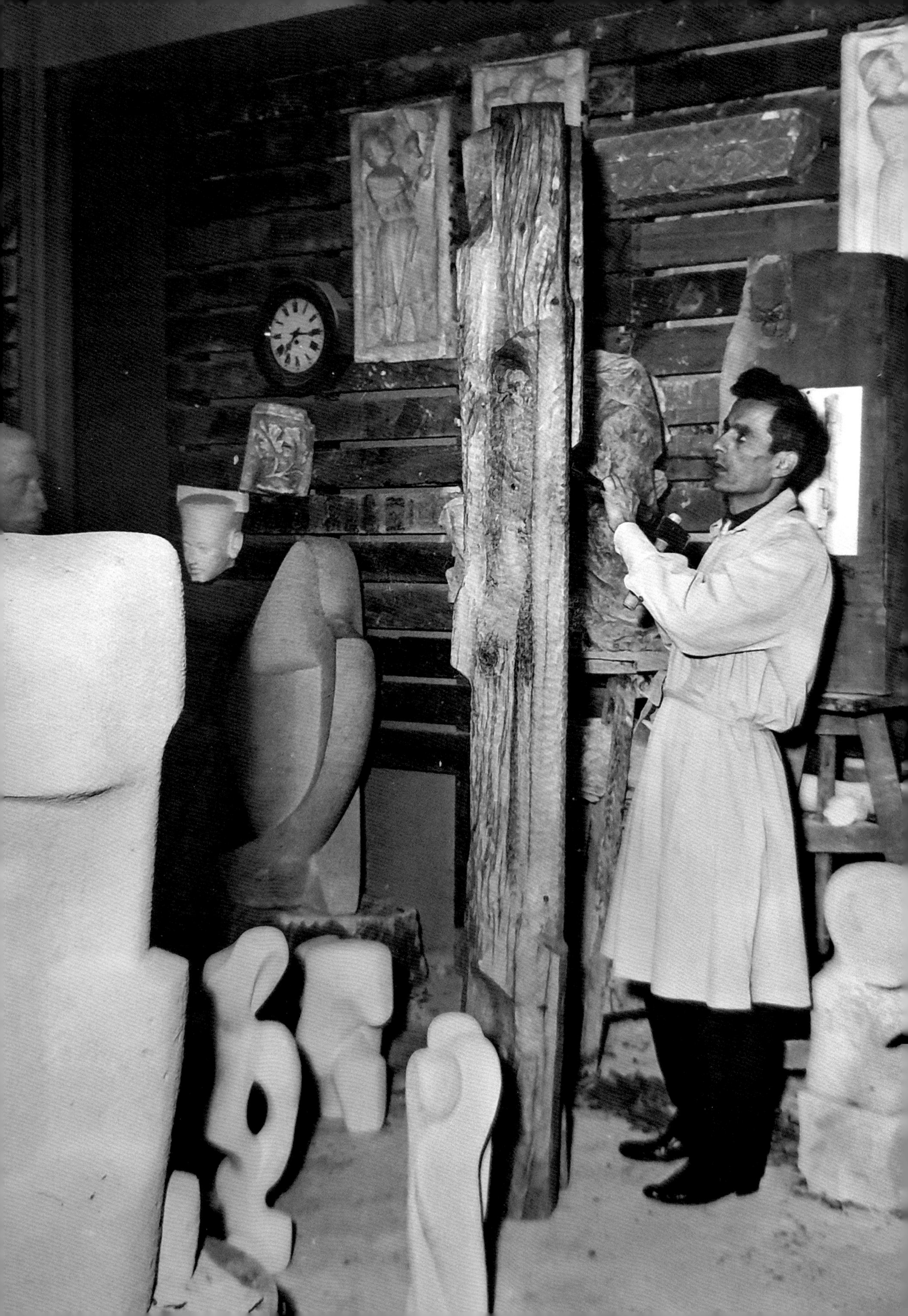

Œuvres / Works

Moon, 1967
Marbre rose akagao / Pink akagao marble
38 × 27 × 22 cm

Page 46
Alfred Basbous travaillant sur une sculpture en bois dans son studio à Paris / working on a wooden sculpture in his studio in Paris, 1961

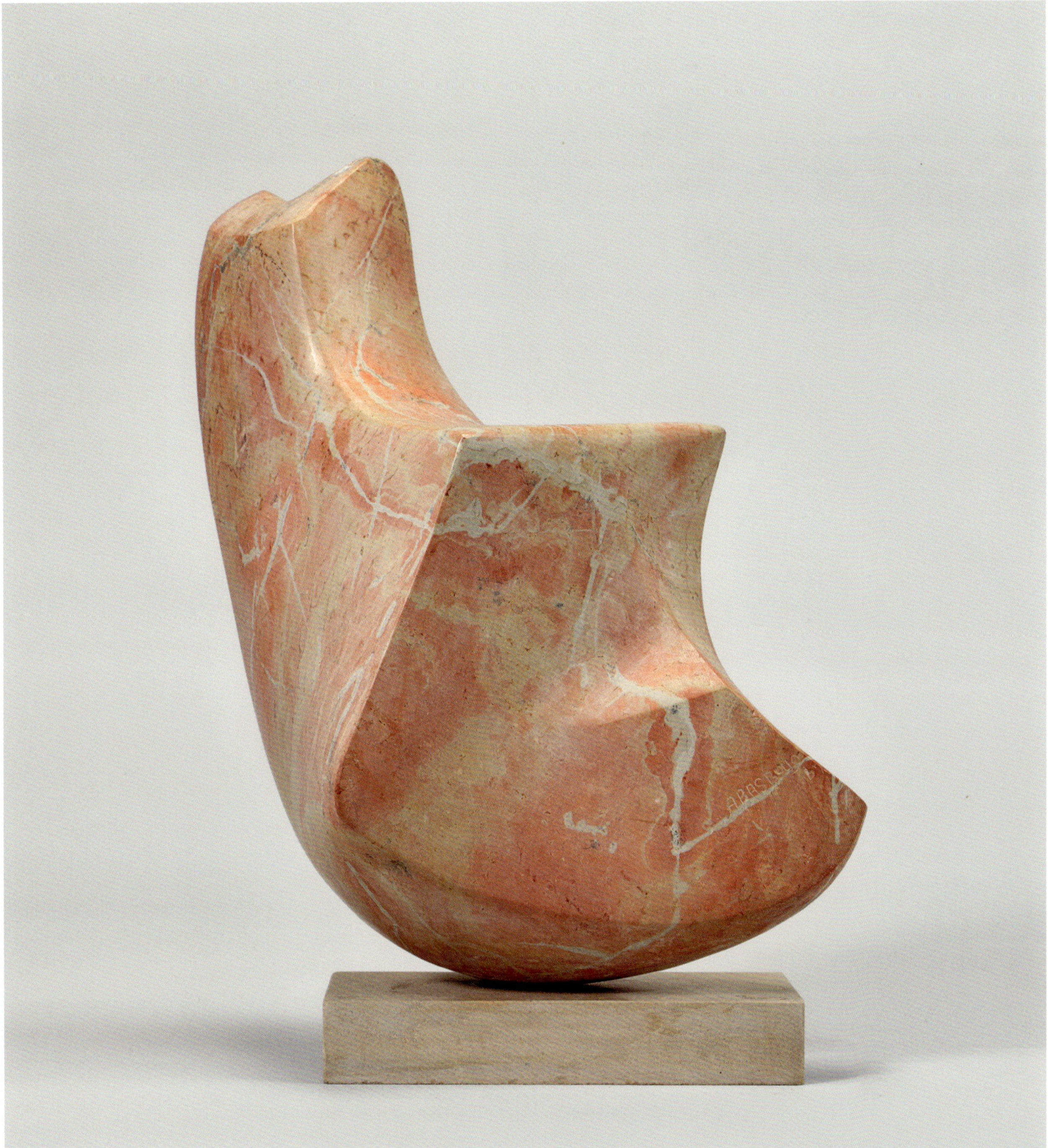

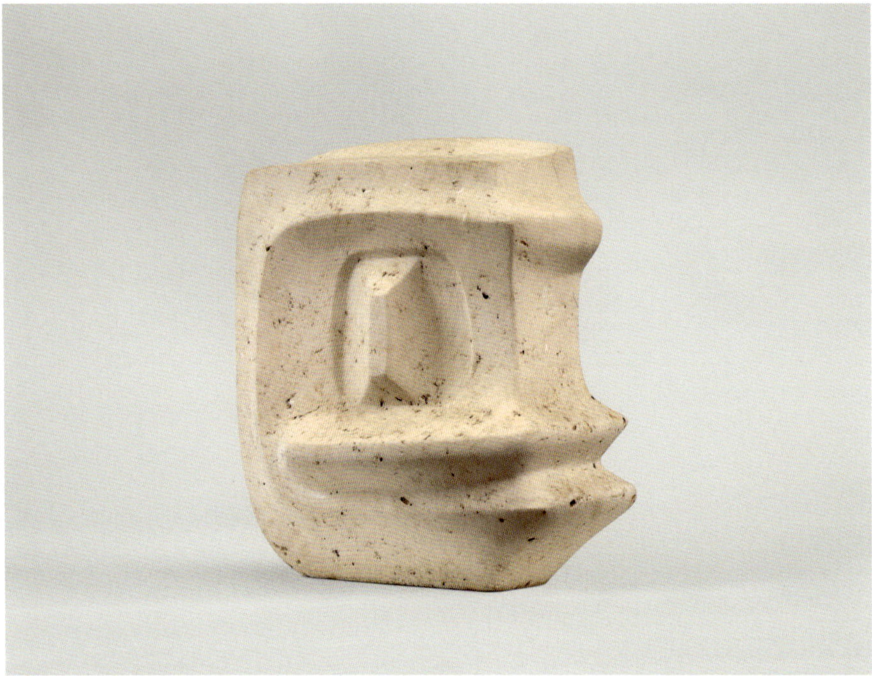

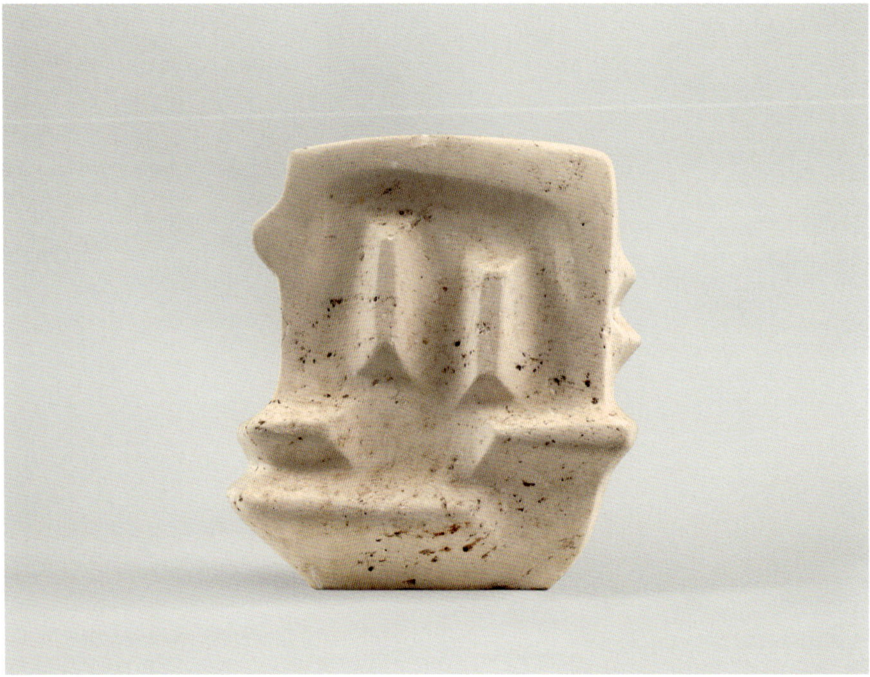

Abstract, 1967
Pierre blanche / White Stone
45 × 42,5 × 25 cm

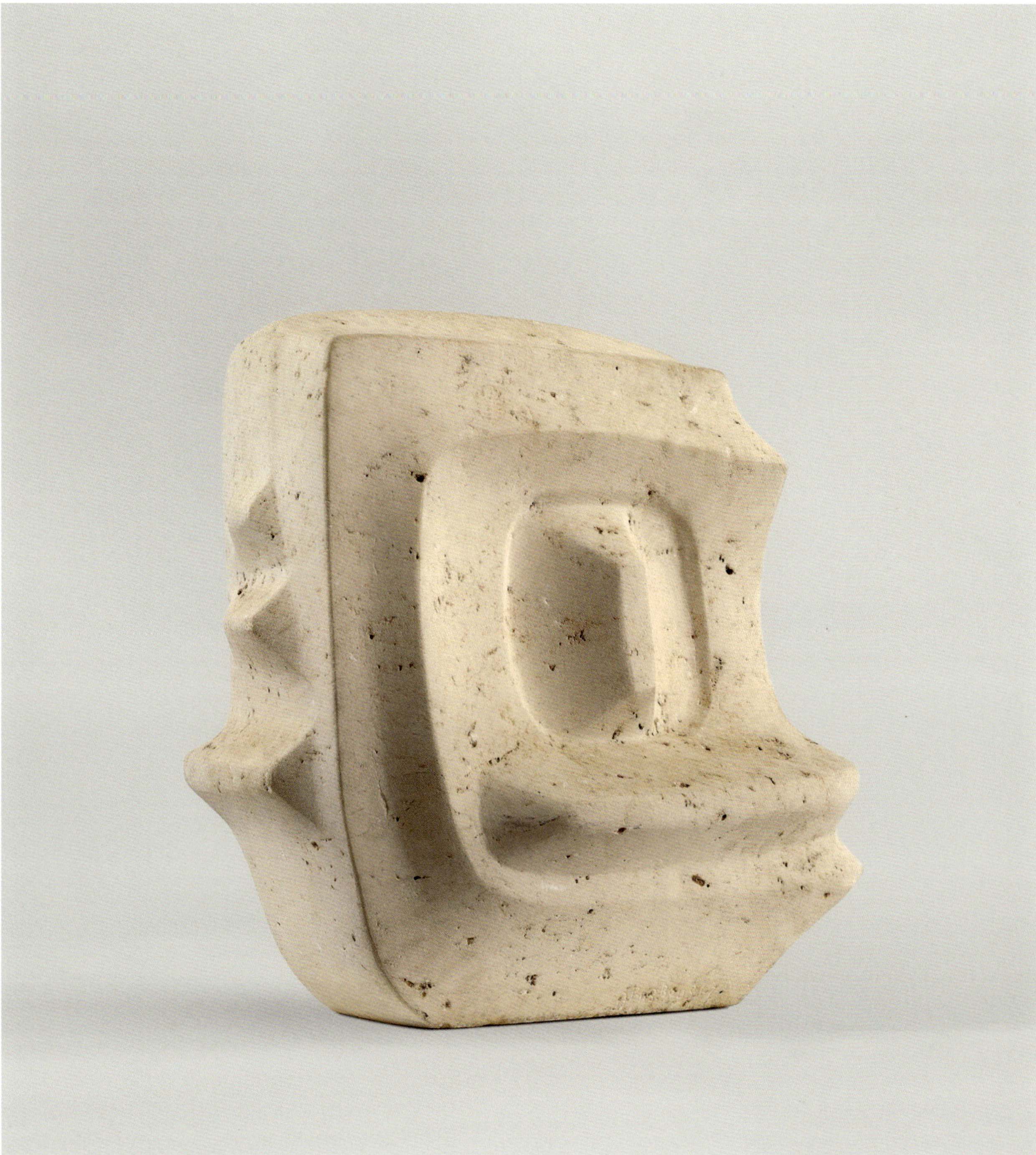

Eclipse, 1971
Marbre de Carrare blanc /
White Carrara marble
24 × 30 × 23 cm, base : 44 × 33 cm

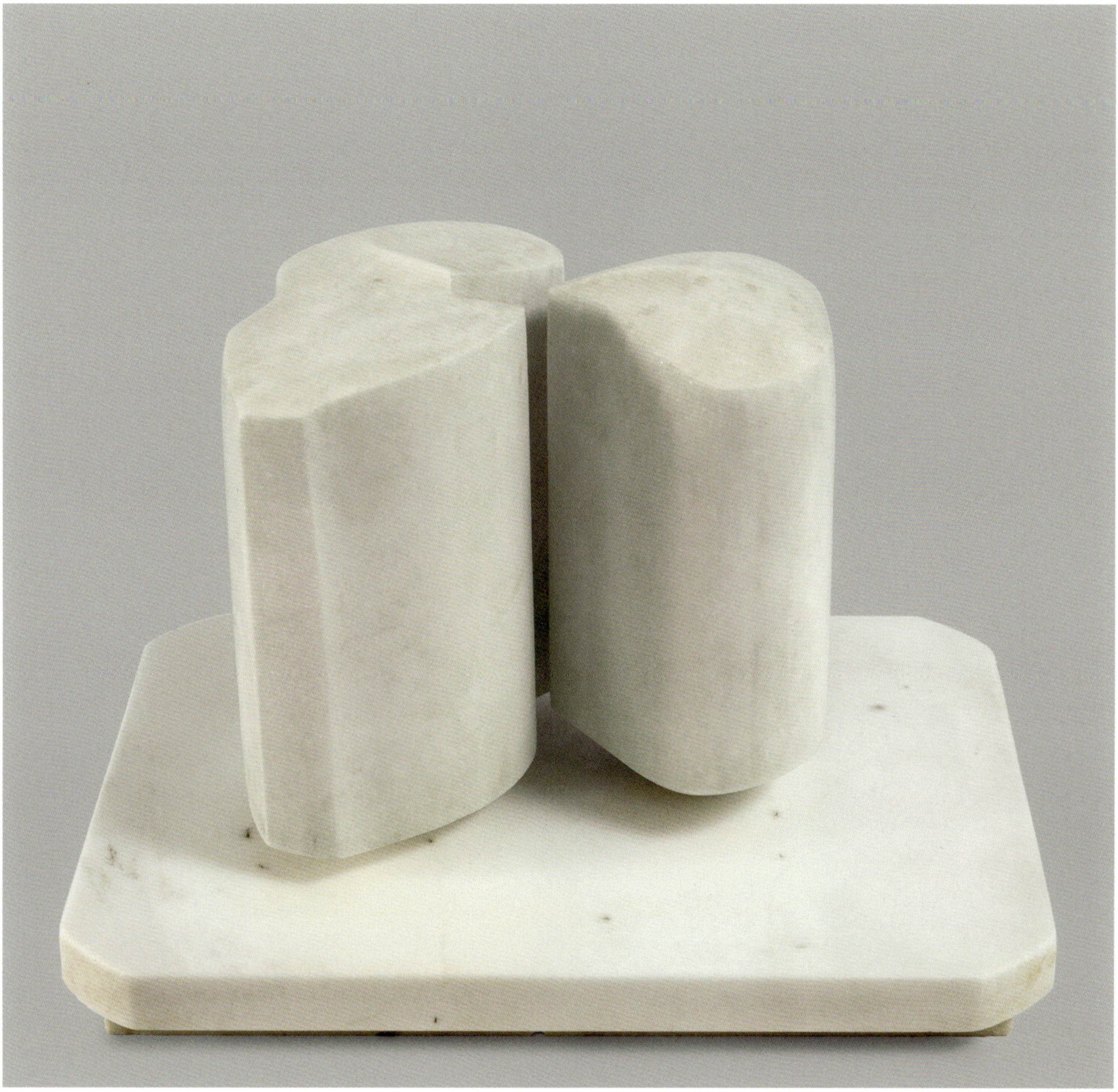

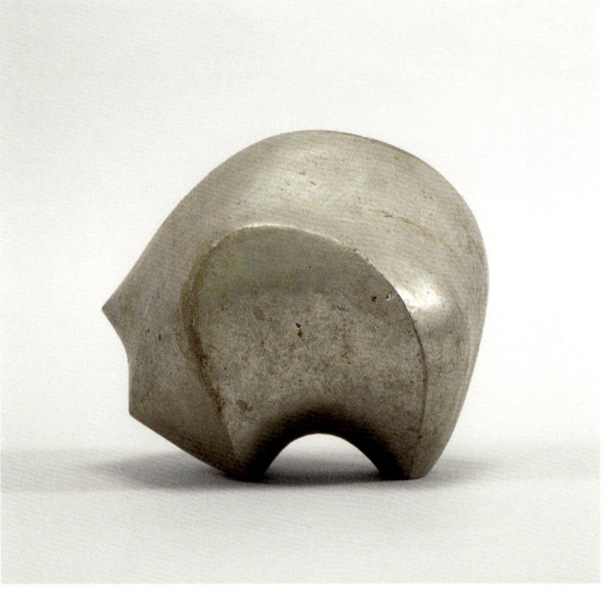
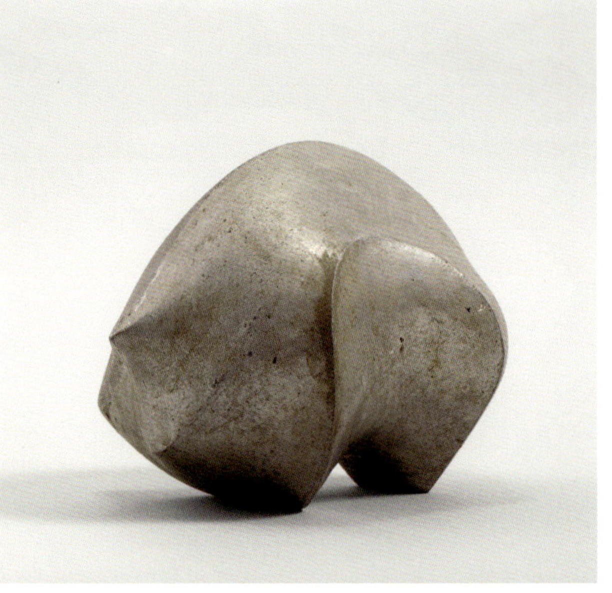
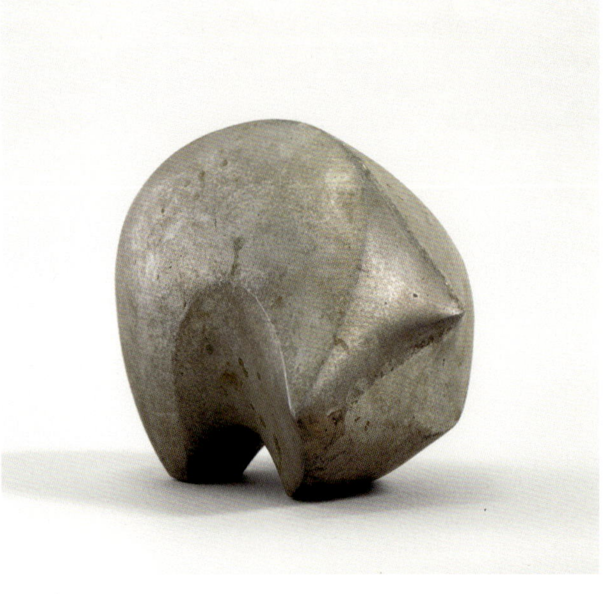
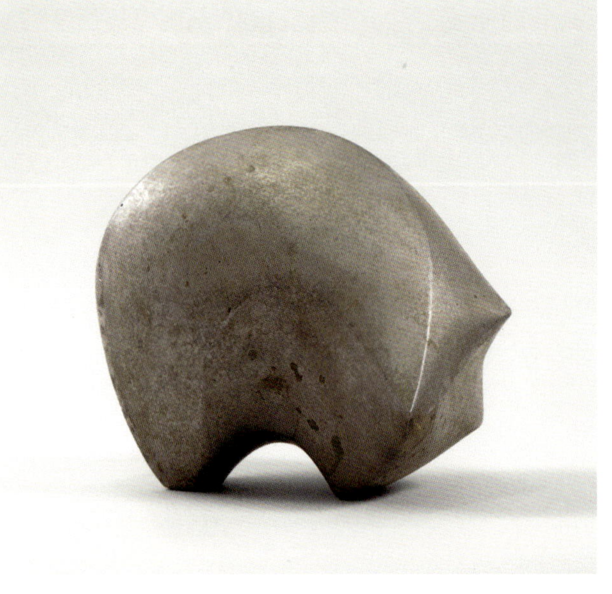

Abstract, 1972
Aluminium / Aluminum
26 × 31 × 24 cm

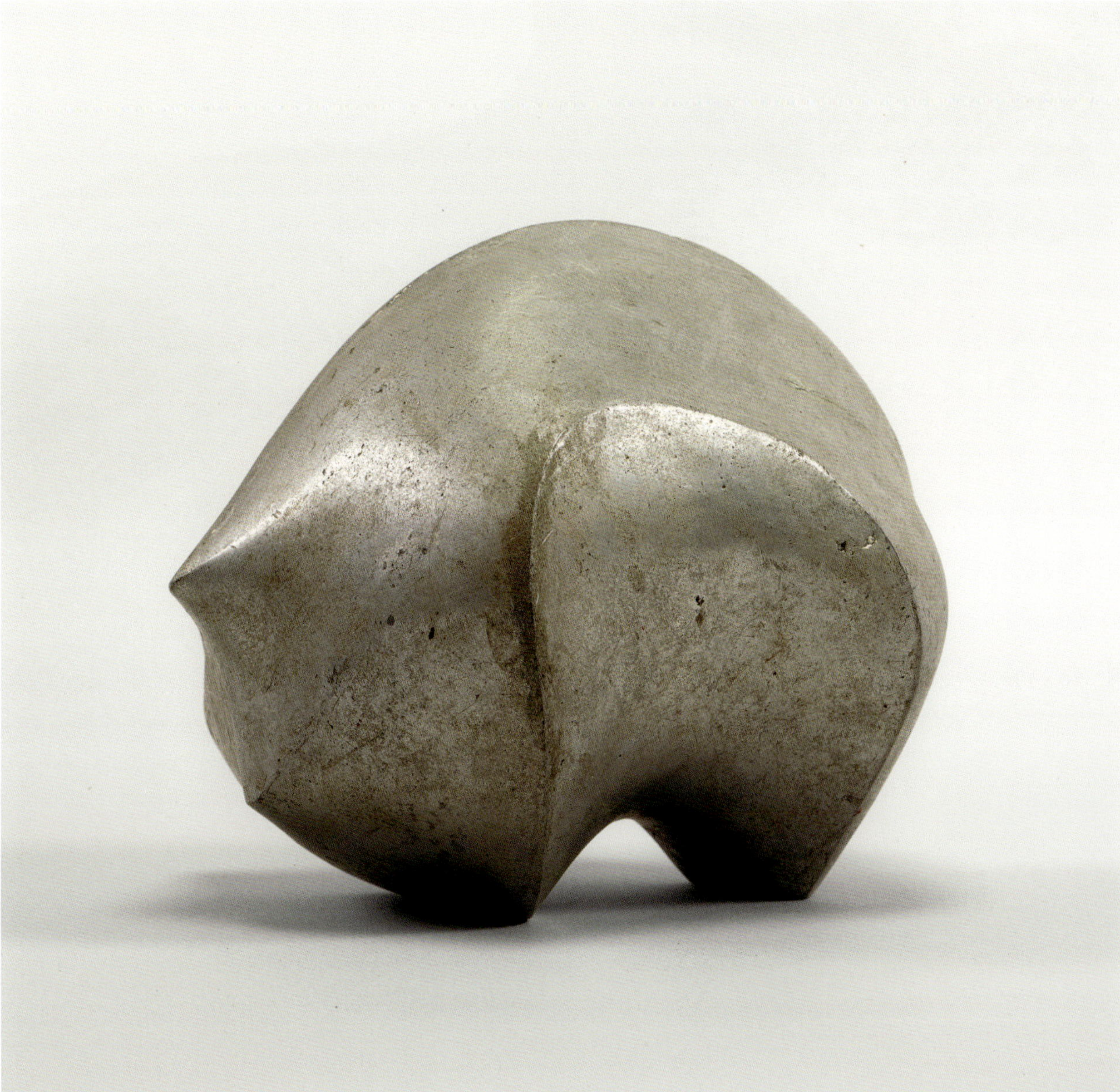

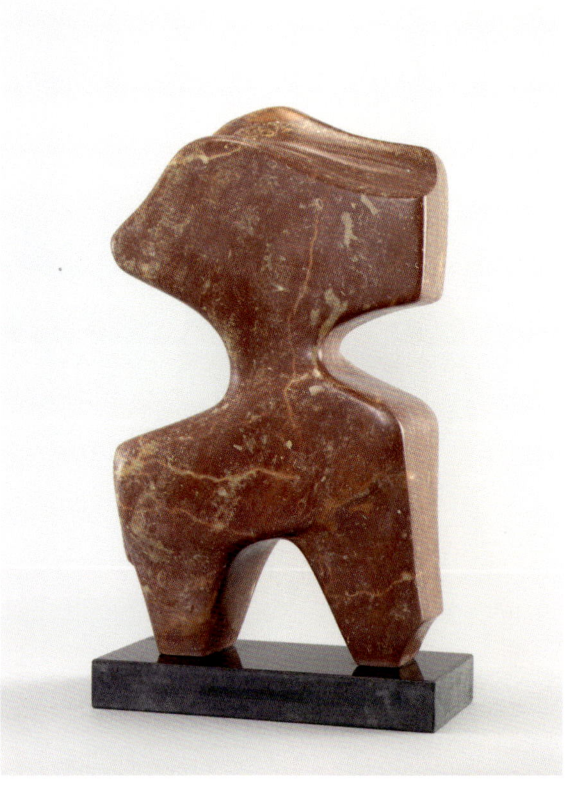
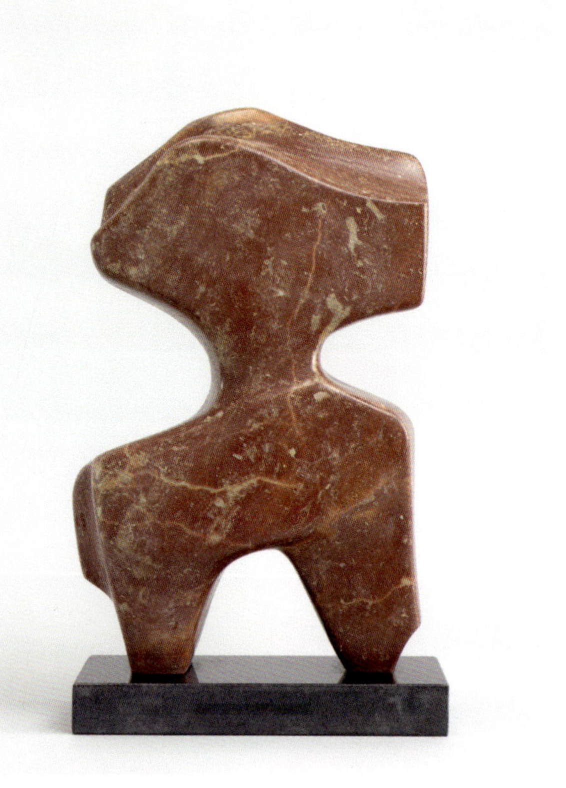

Walking Figure, 1981
Marbre lie-de-vin sur socle en marbre noir /
Burgundy marble on a black marble base
53 × 34 × 16 cm

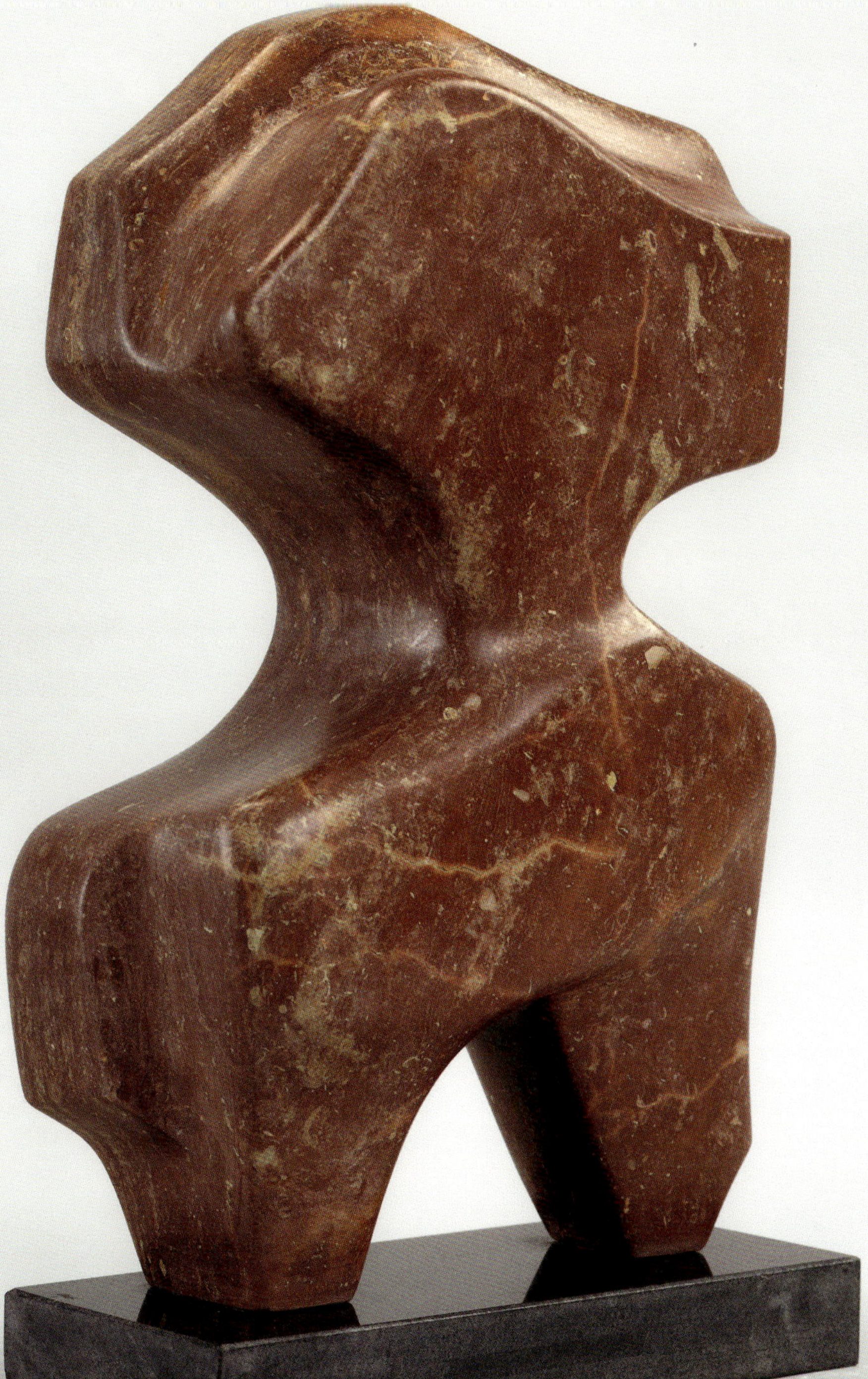

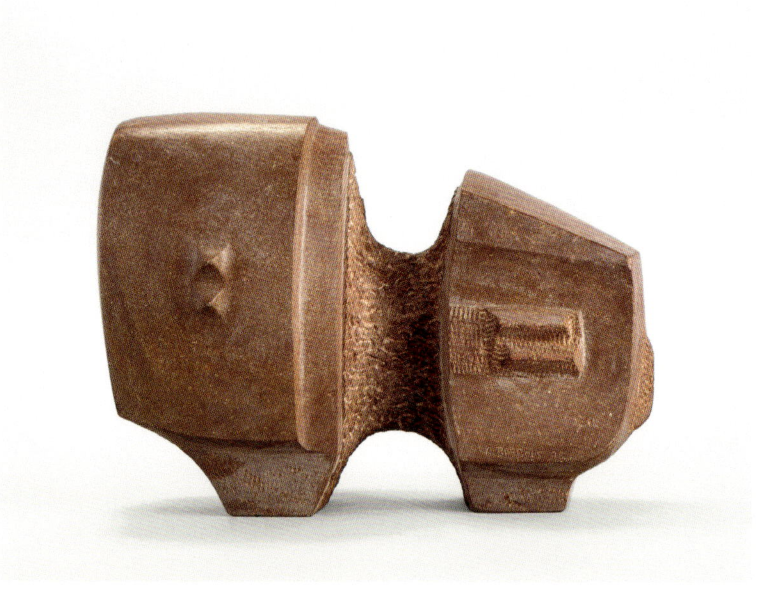

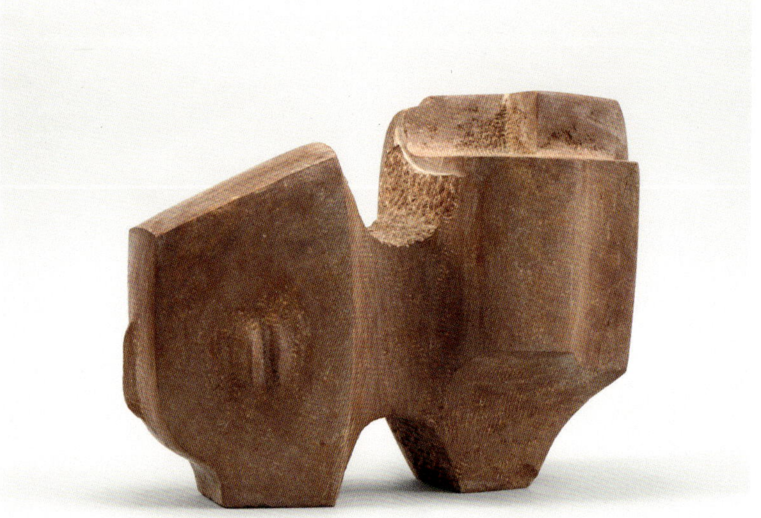

Abstract, 1978
Pierre lie-de-vin / Burgundy stone
40 × 51,5 × 26 cm

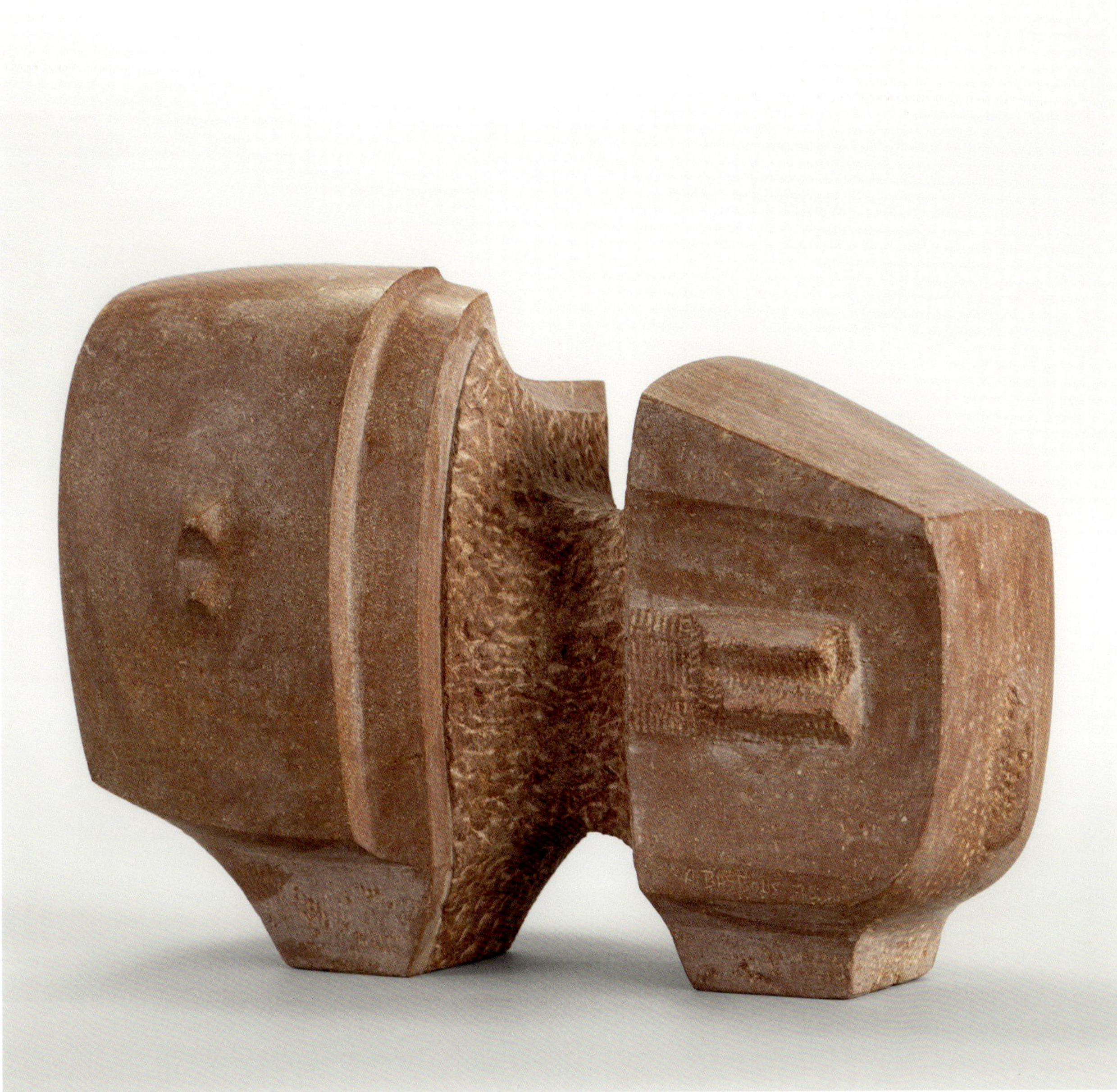

Standing figure, 1982
Marbre de Carrare / Carrara marble
49.5 × 15 × 11 cm

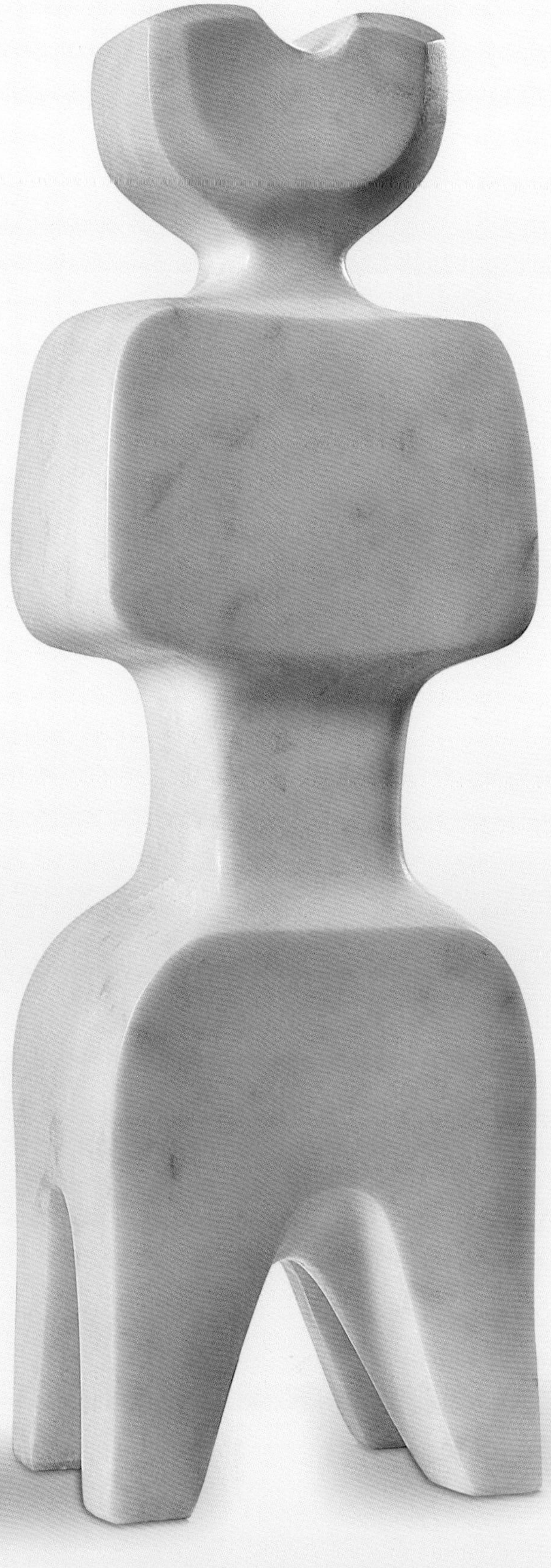

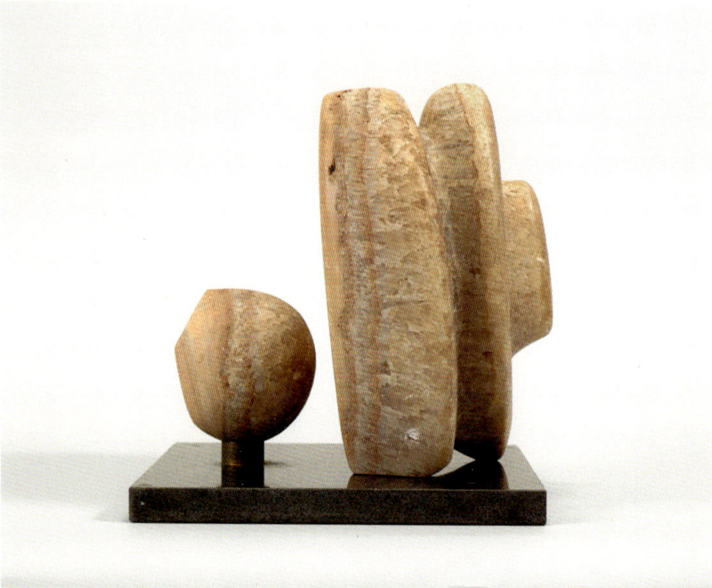

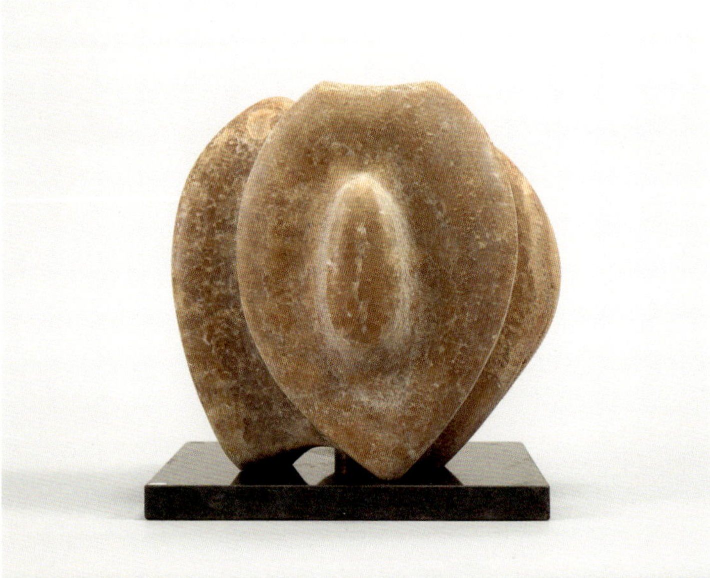

Composition, 1983
Marbre libanais / Lebanese marble
34 × 36 × 34 cm

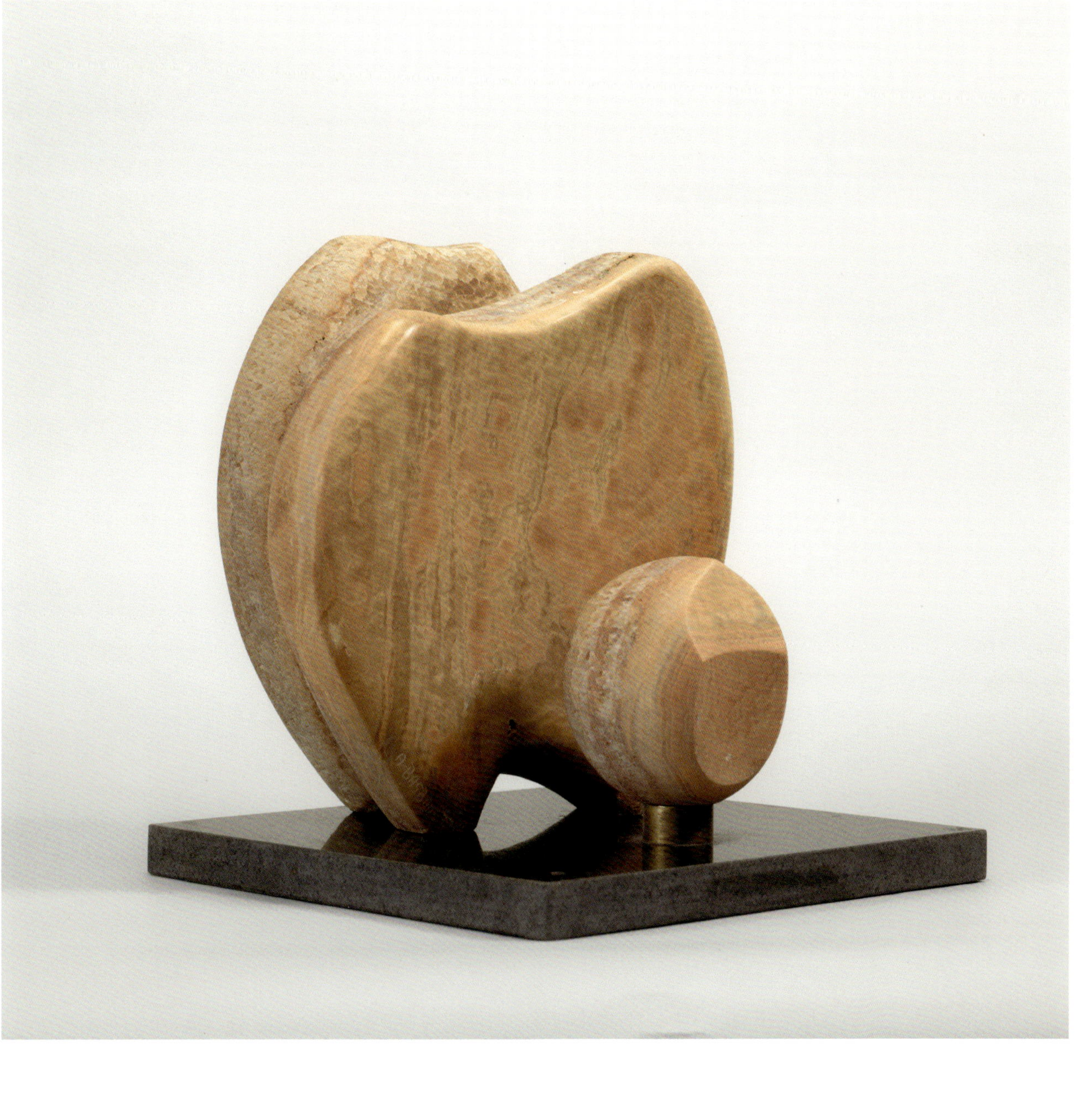

Secret, 1982
Bois de chêne / Oak wood
65,5 × 28,5 × 4 cm

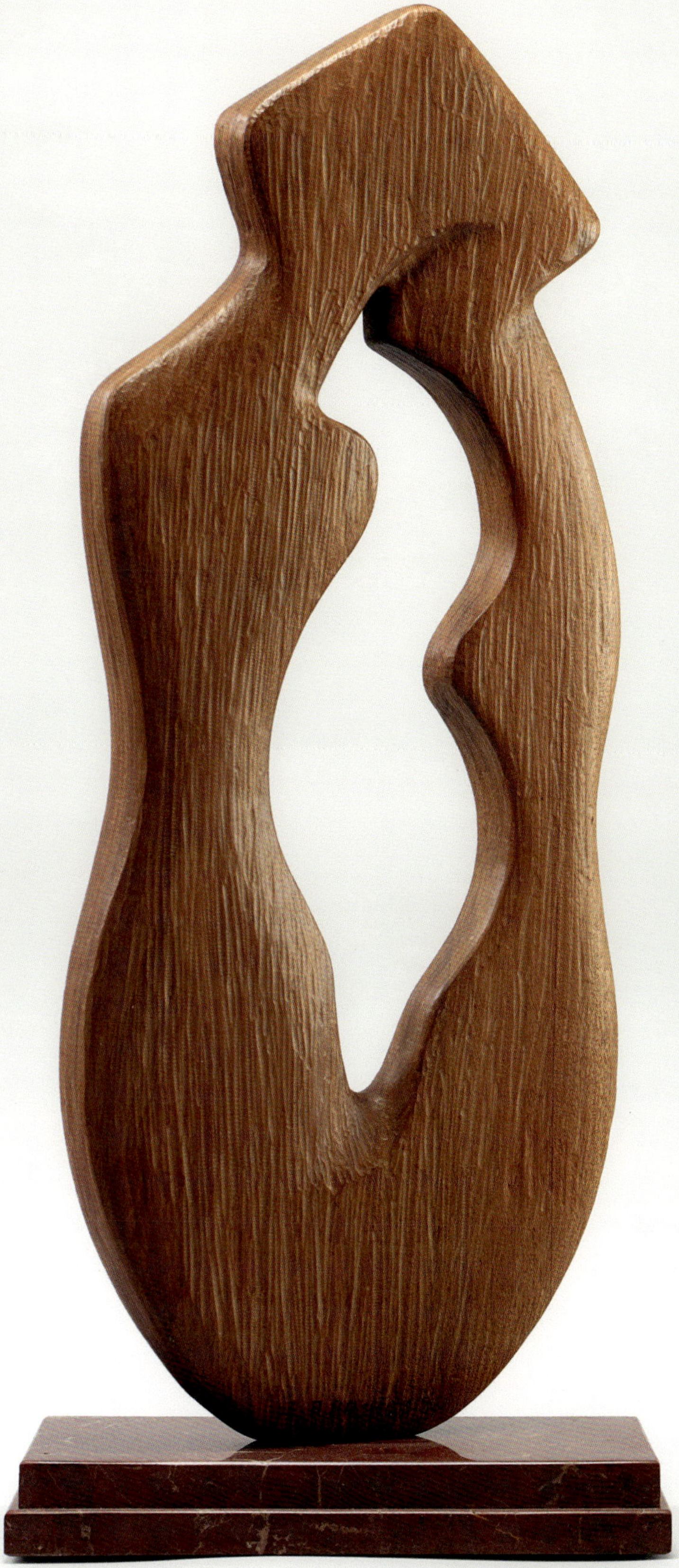

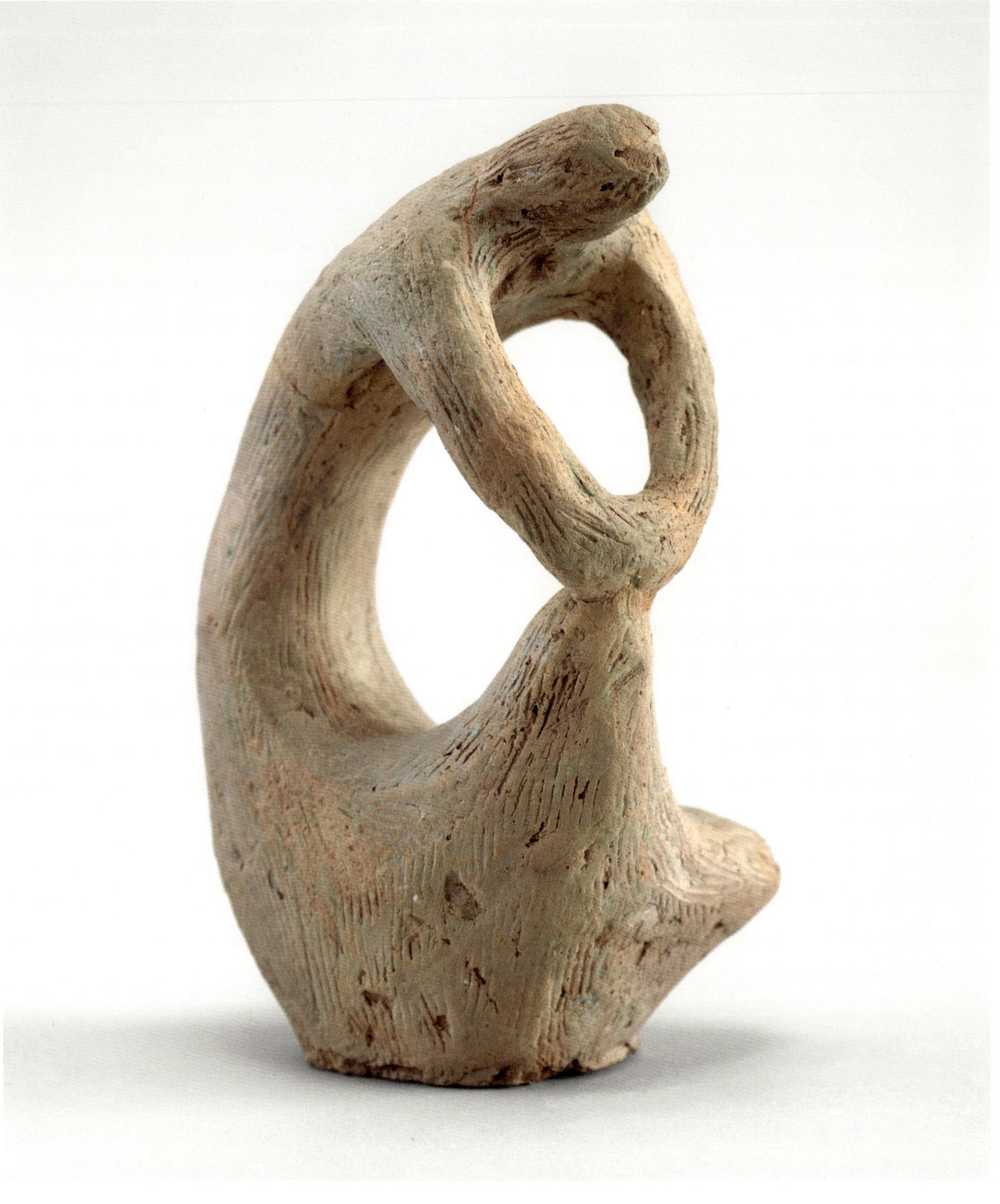

Caring (prototype), non daté / undated
Terre glaise
18 × 12 × 8 cm

Caring, 1982
Bronze à patine noire et bleue /
Bronze black and blue patina
Édition de 8 / Edition of 8
64 × 37 × 25 cm

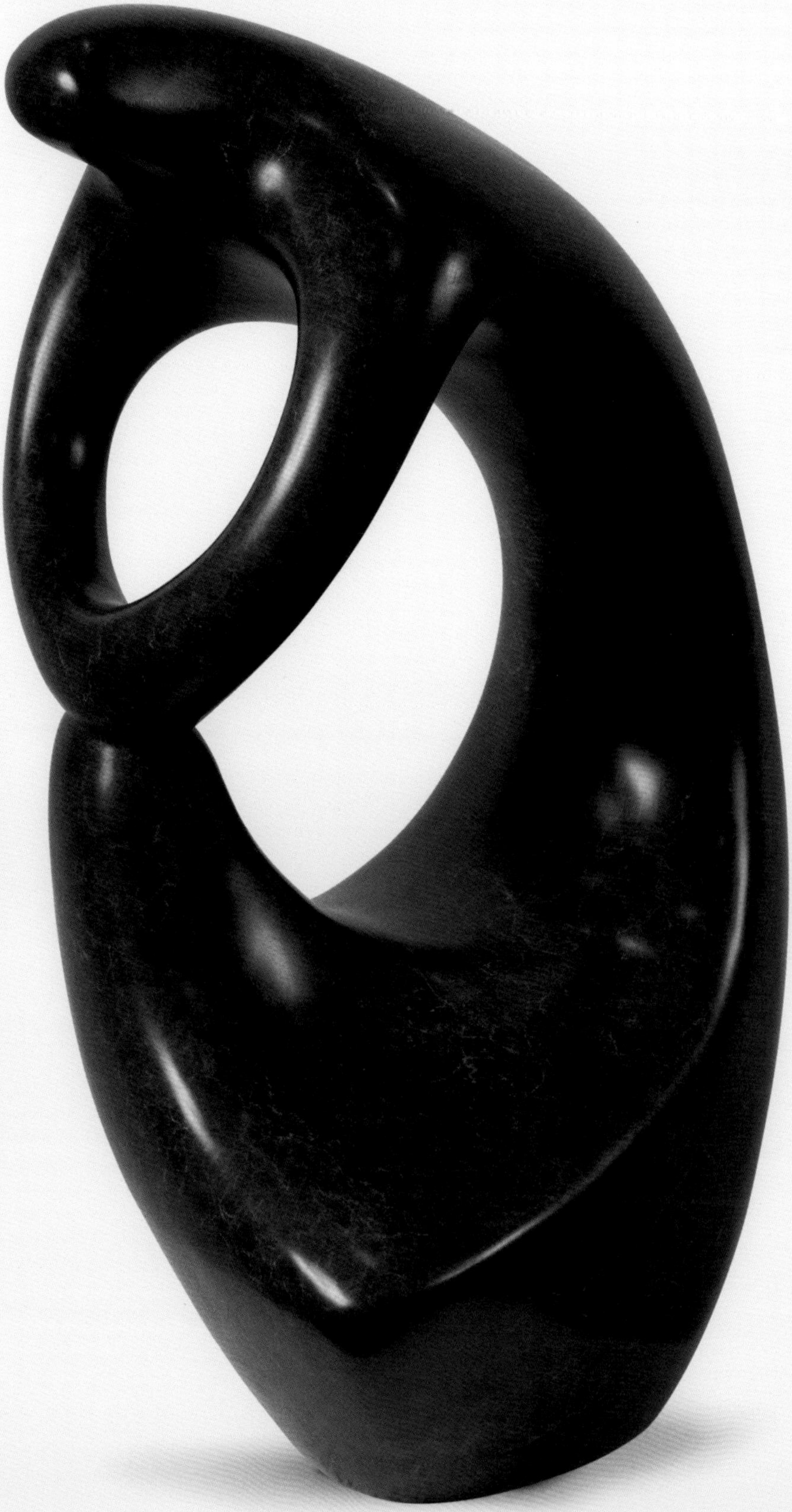

Father & Son, 1980
Bronze à patine noire et bleue / Bronze black and blue patina
Édition de 8 / Edition of 8
30 × 12 × 8,5 cm

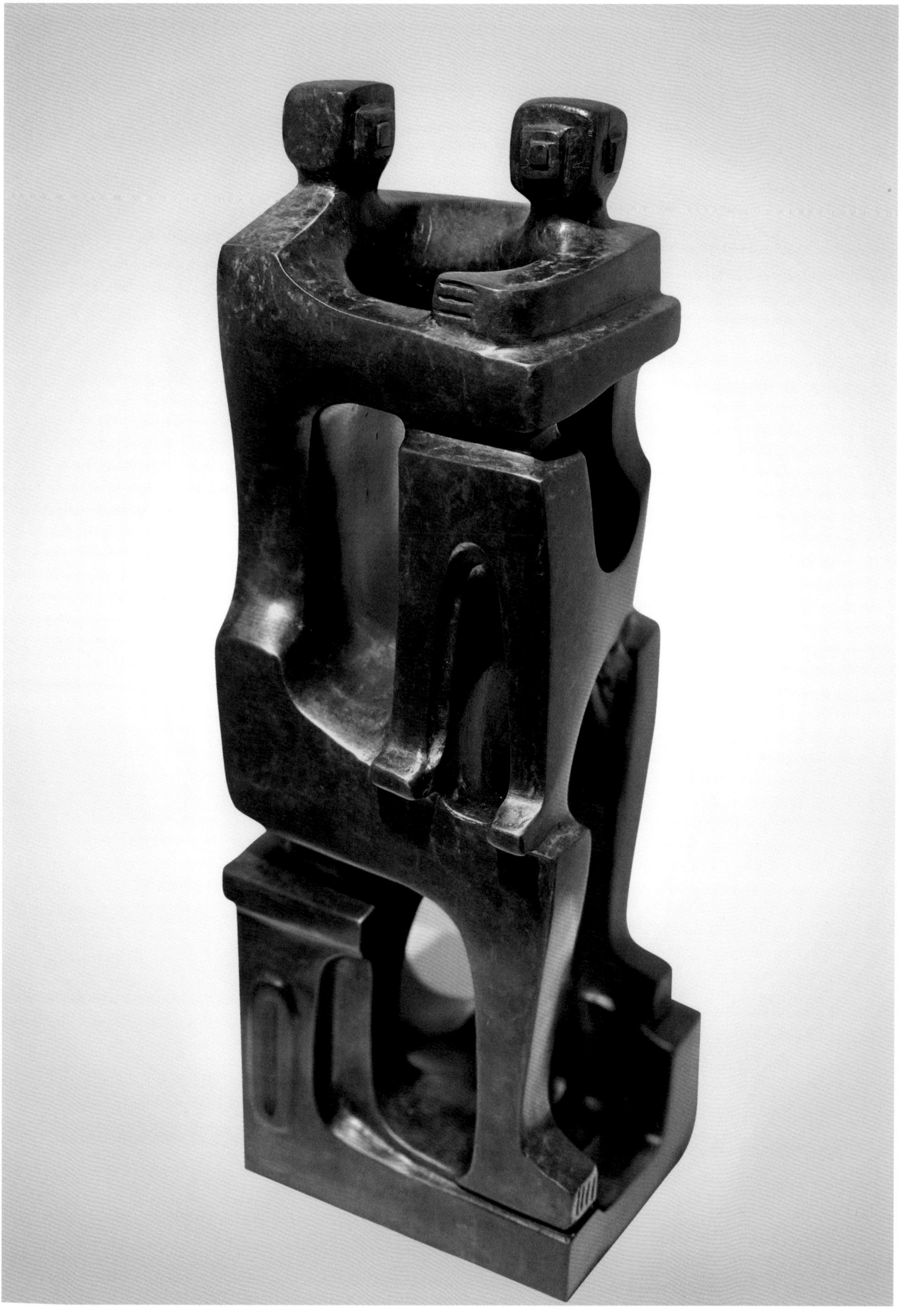

Standing Figure, 1985
Bronze à patine noire et bleue / Bronze black and blue patina
Édition de 8 / Edition of 8
120 × 32 × 24 cm

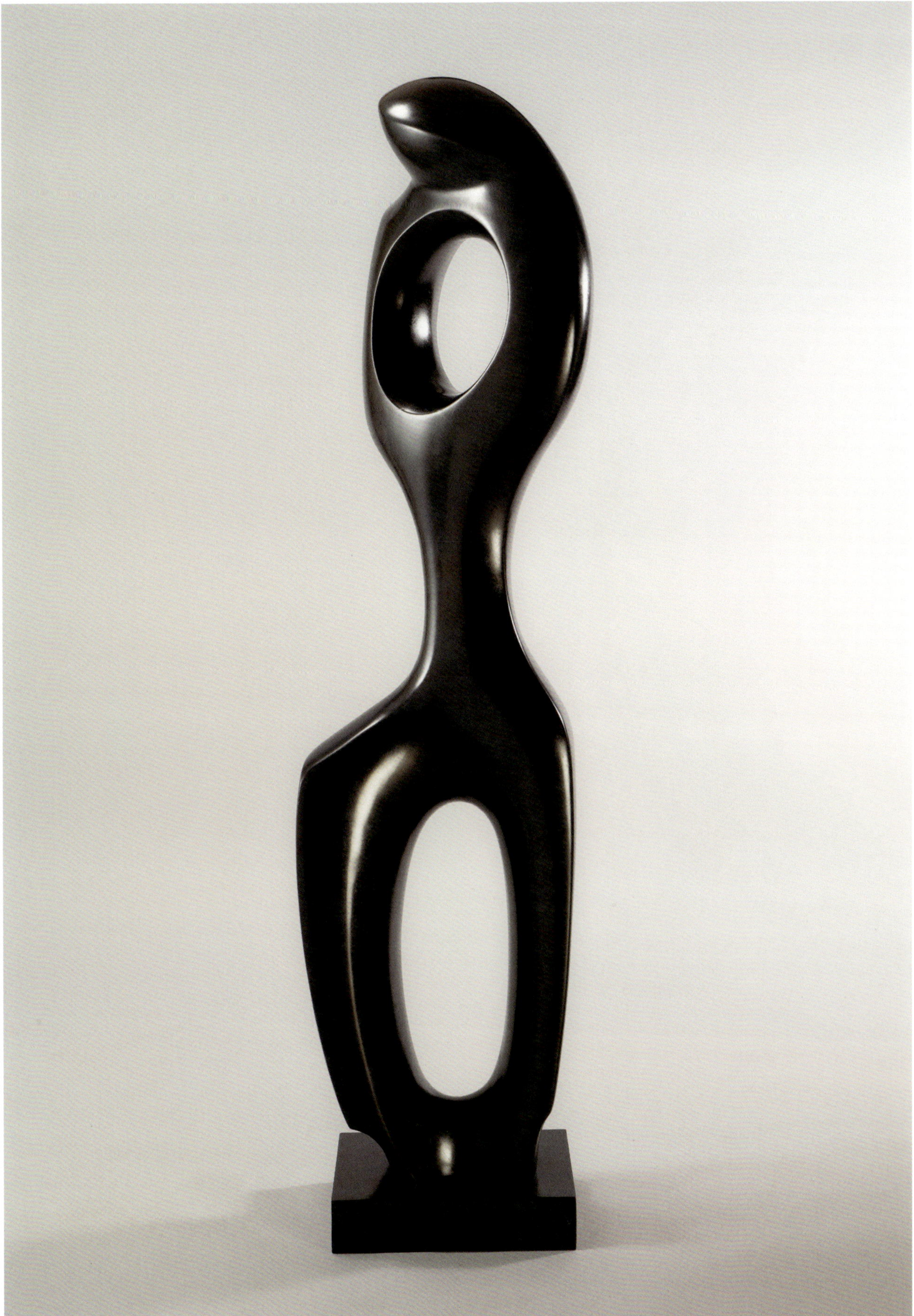

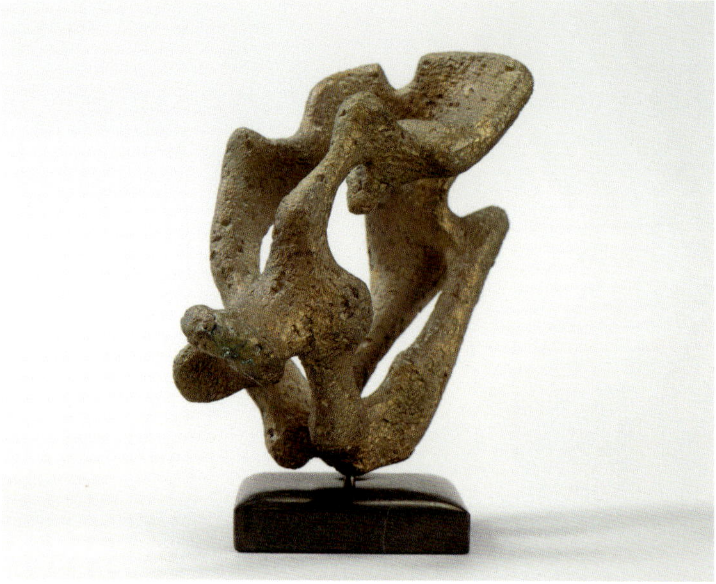

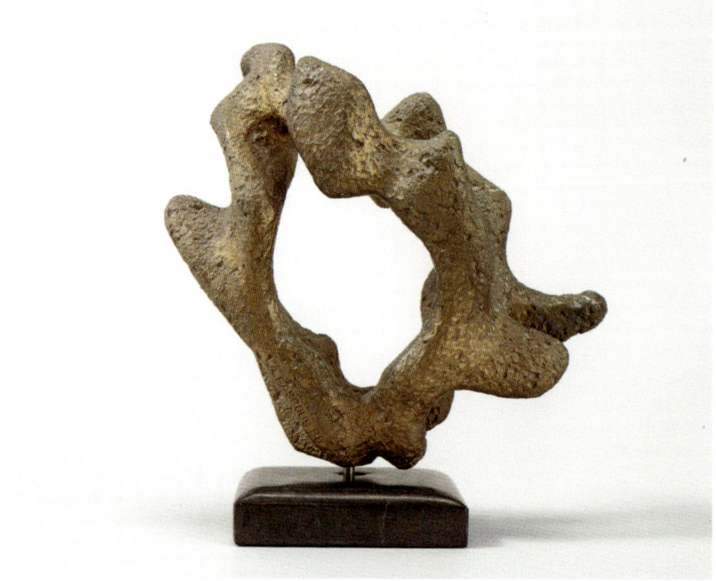

Abstract, 1985
Bronze sur socle en marbre noir /
Bronze on a black marble base
21 × 23 × 11 cm

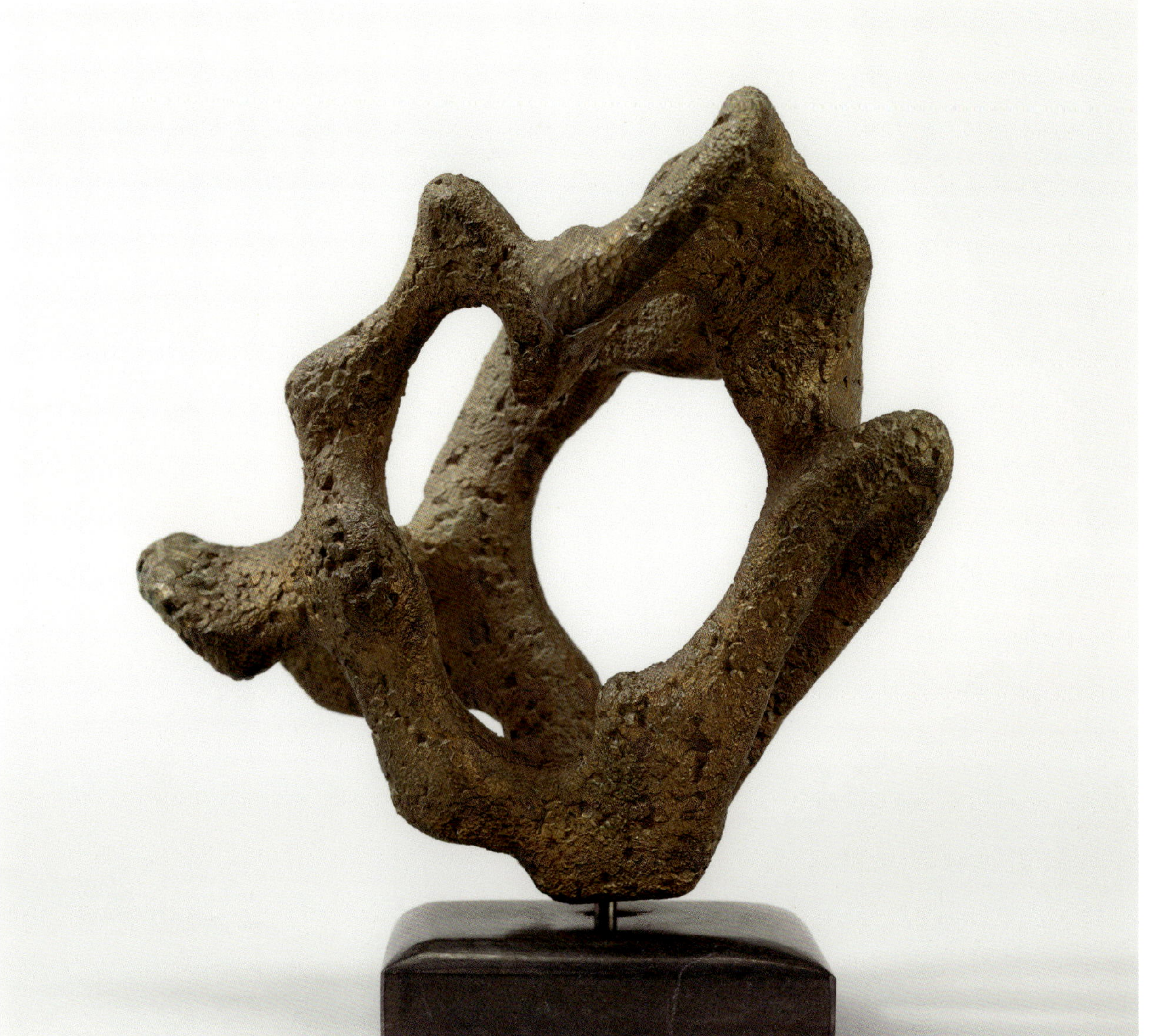

Desire, 1987
Bronze à patine marron / Bronze brown patina
Édition de 8 / Edition of 8
24,5 × 26 × 5 cm

Pages suivantes / Following pages
Camels, 1985
Bronze
28 × 36 × 25,5 cm

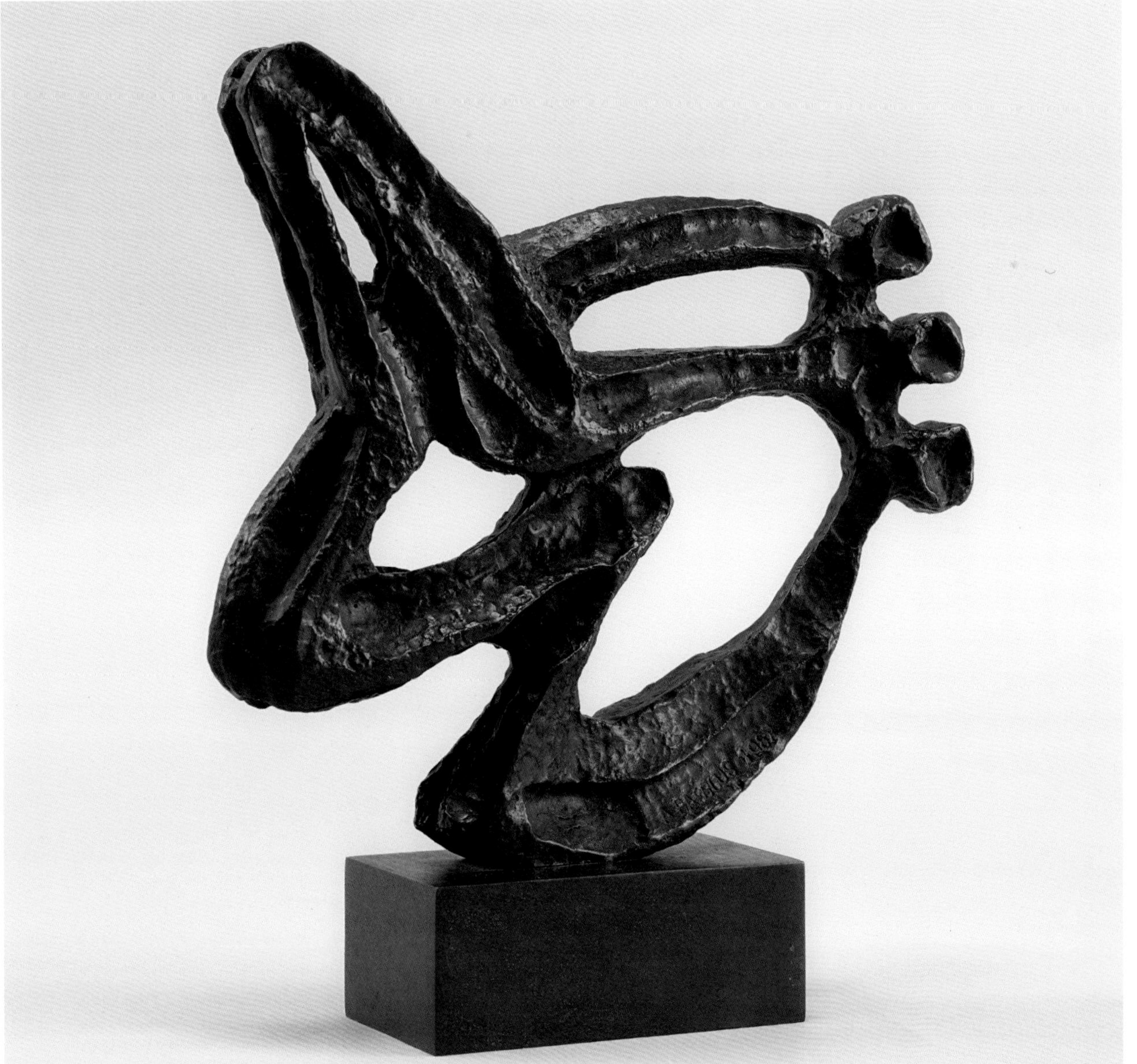

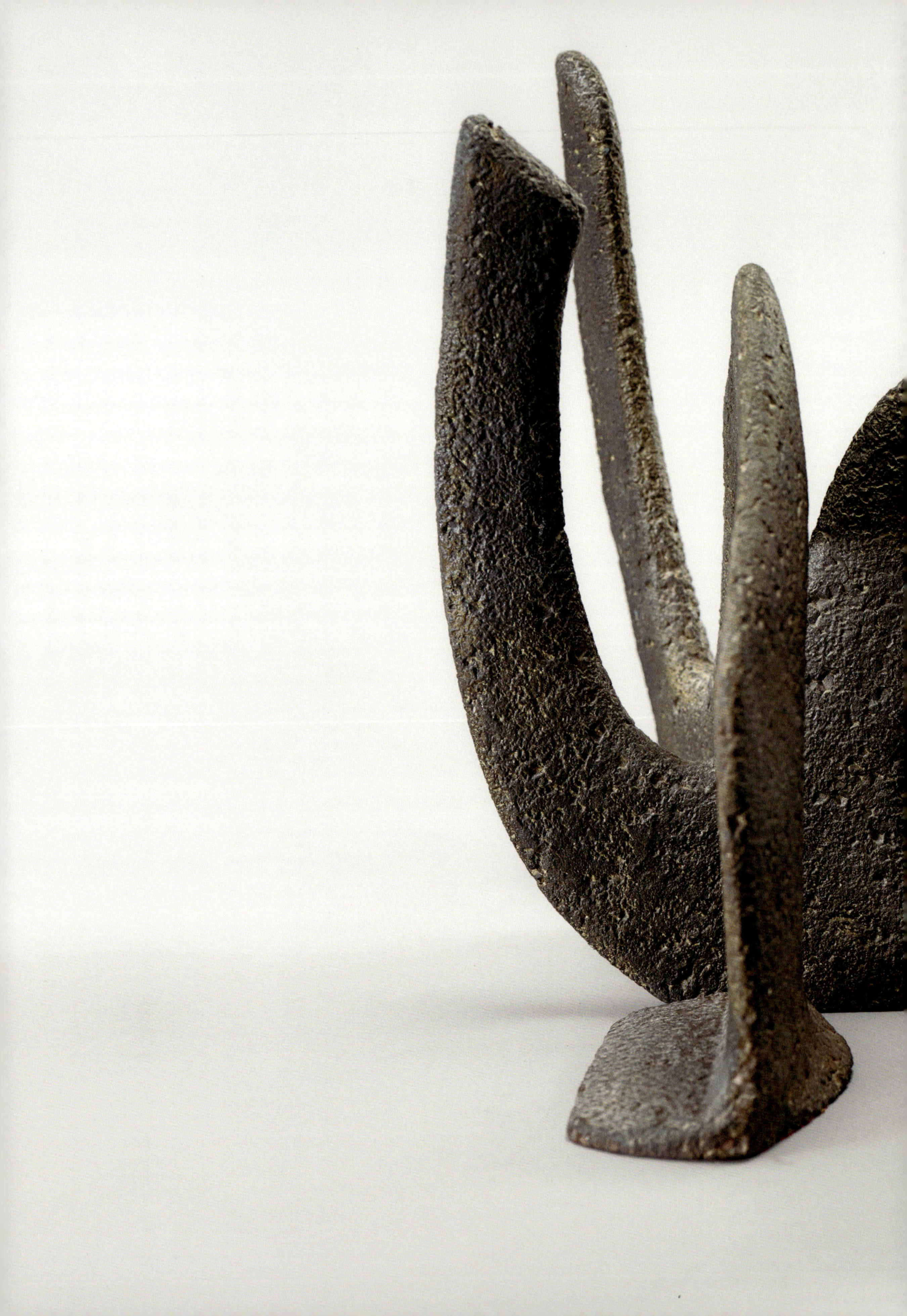

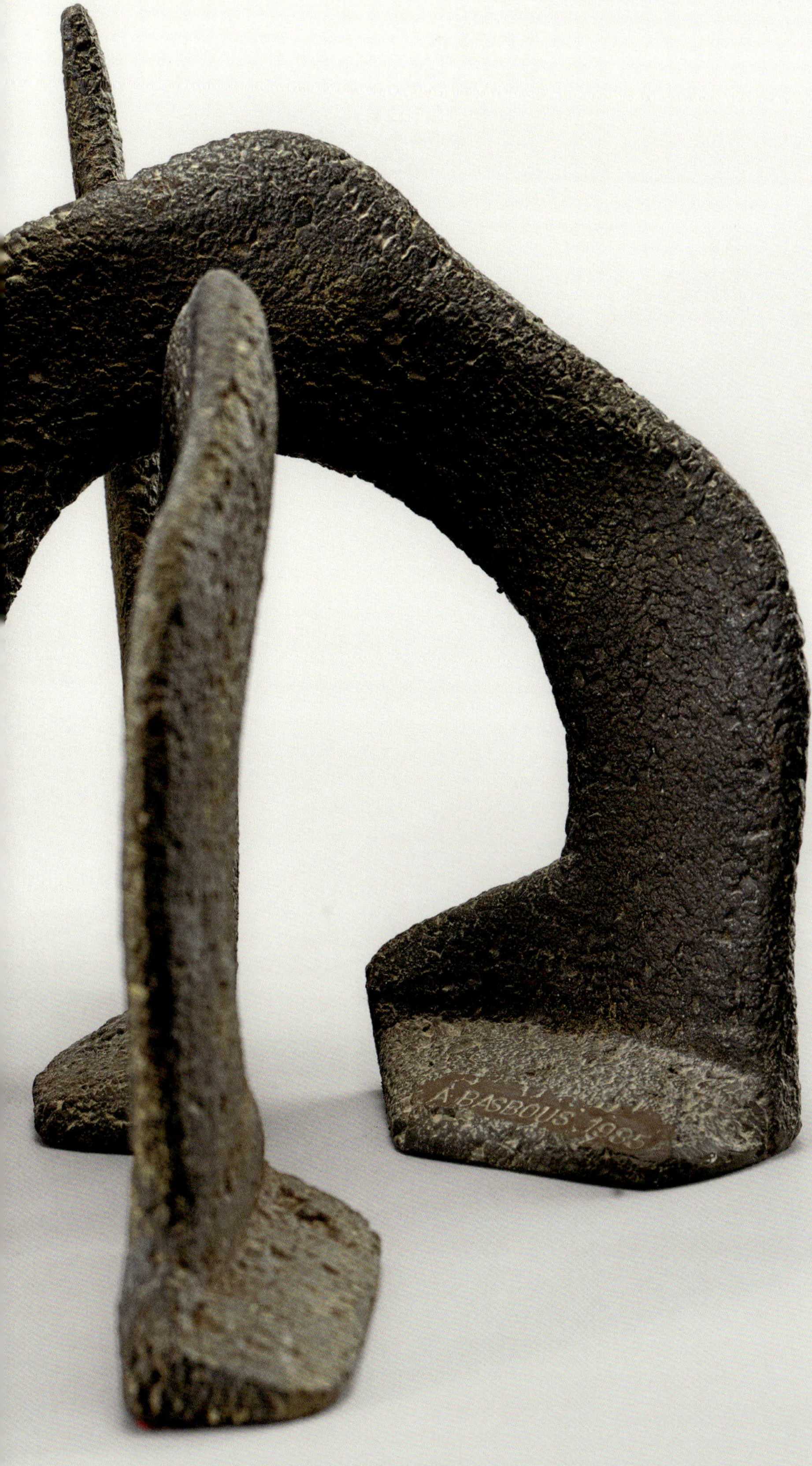
A. BASBOUS 1985

Acrobat, 1987
Bronze à patine noire / Bronze black patina
Édition de 12 / Edition of 12
34 × 26 × 10 cm

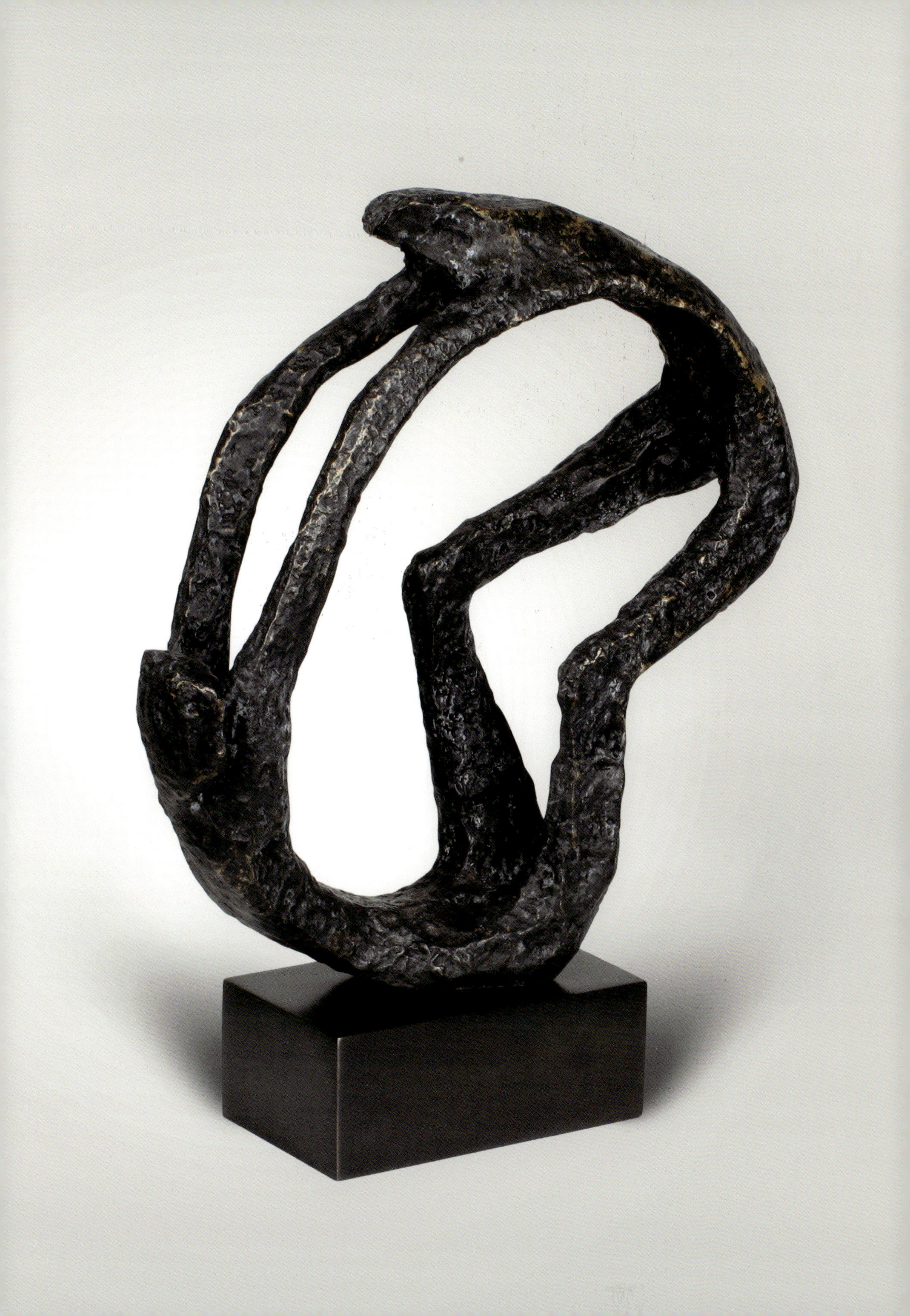

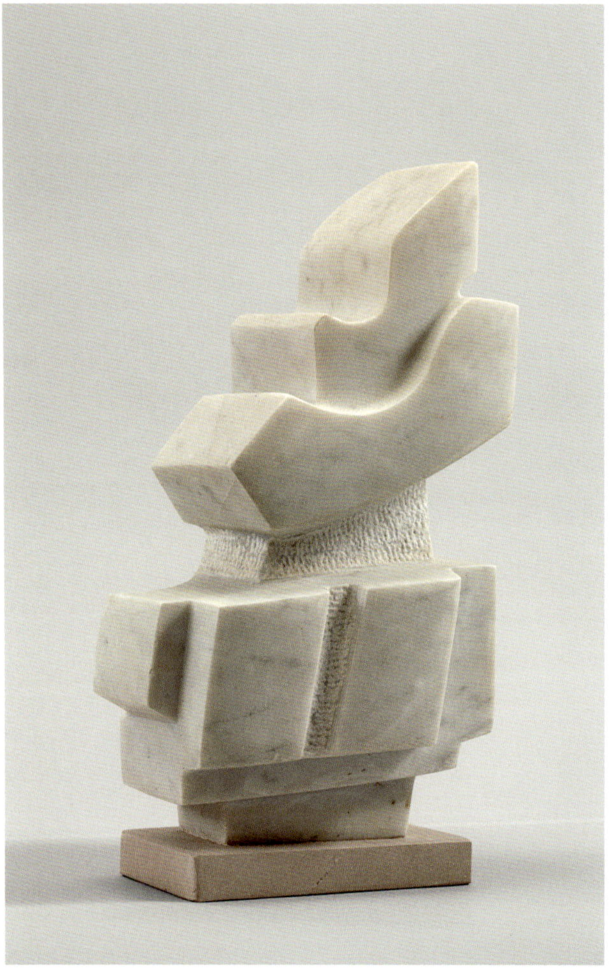

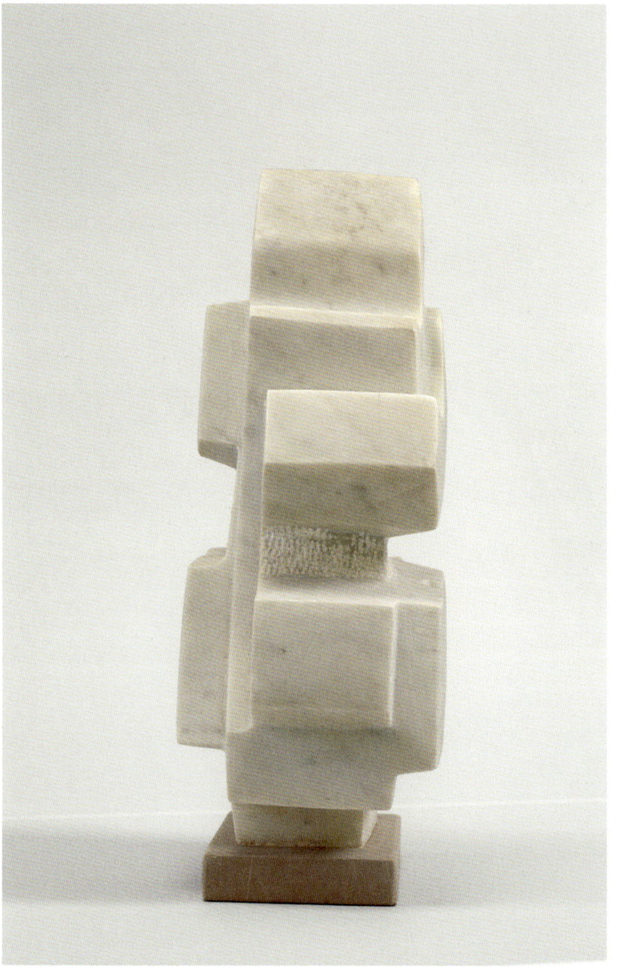

Voilier, 1985
Marbre blanc de Carrare /
White Carrara marble
49 × 29 × 18 cm

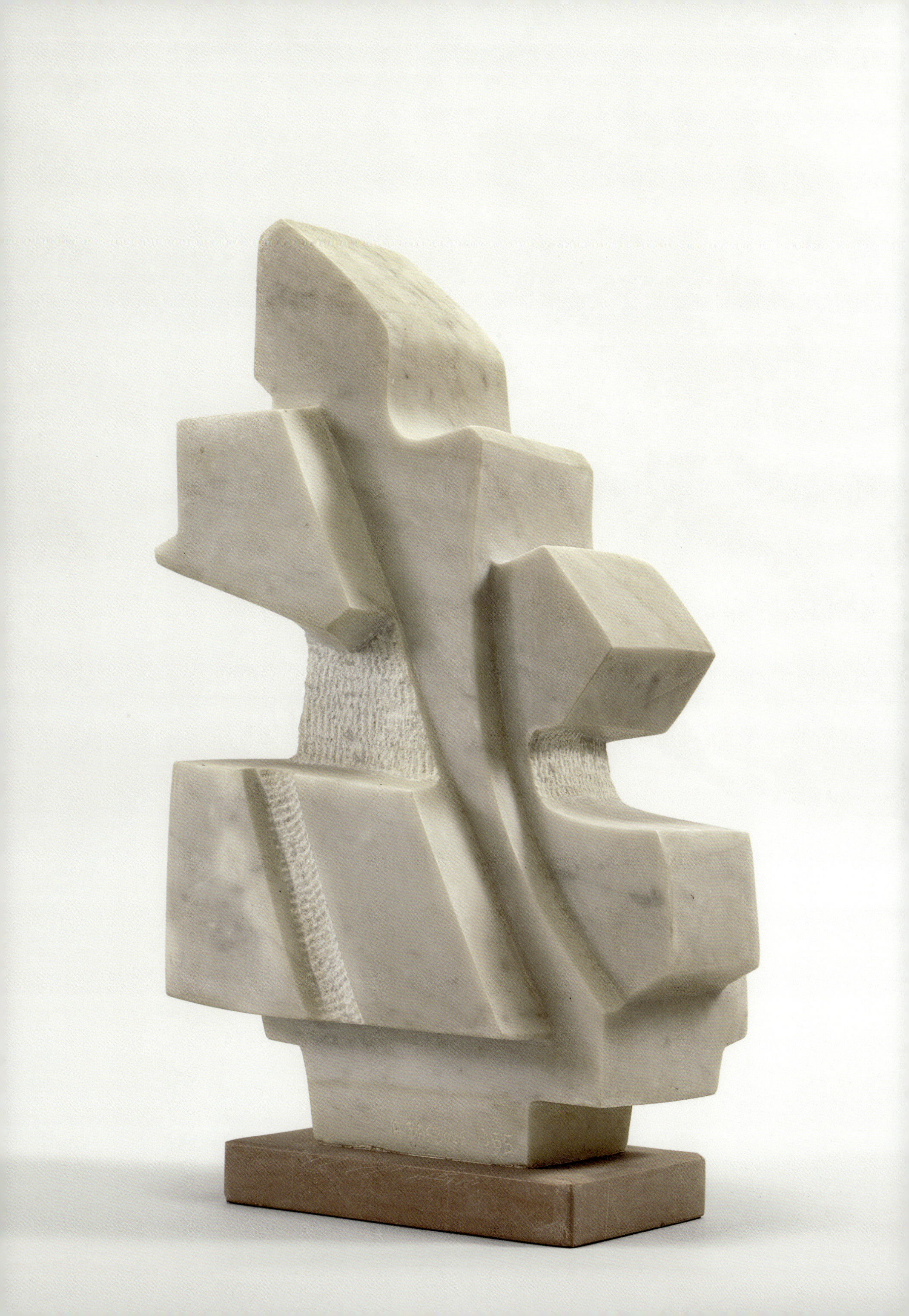

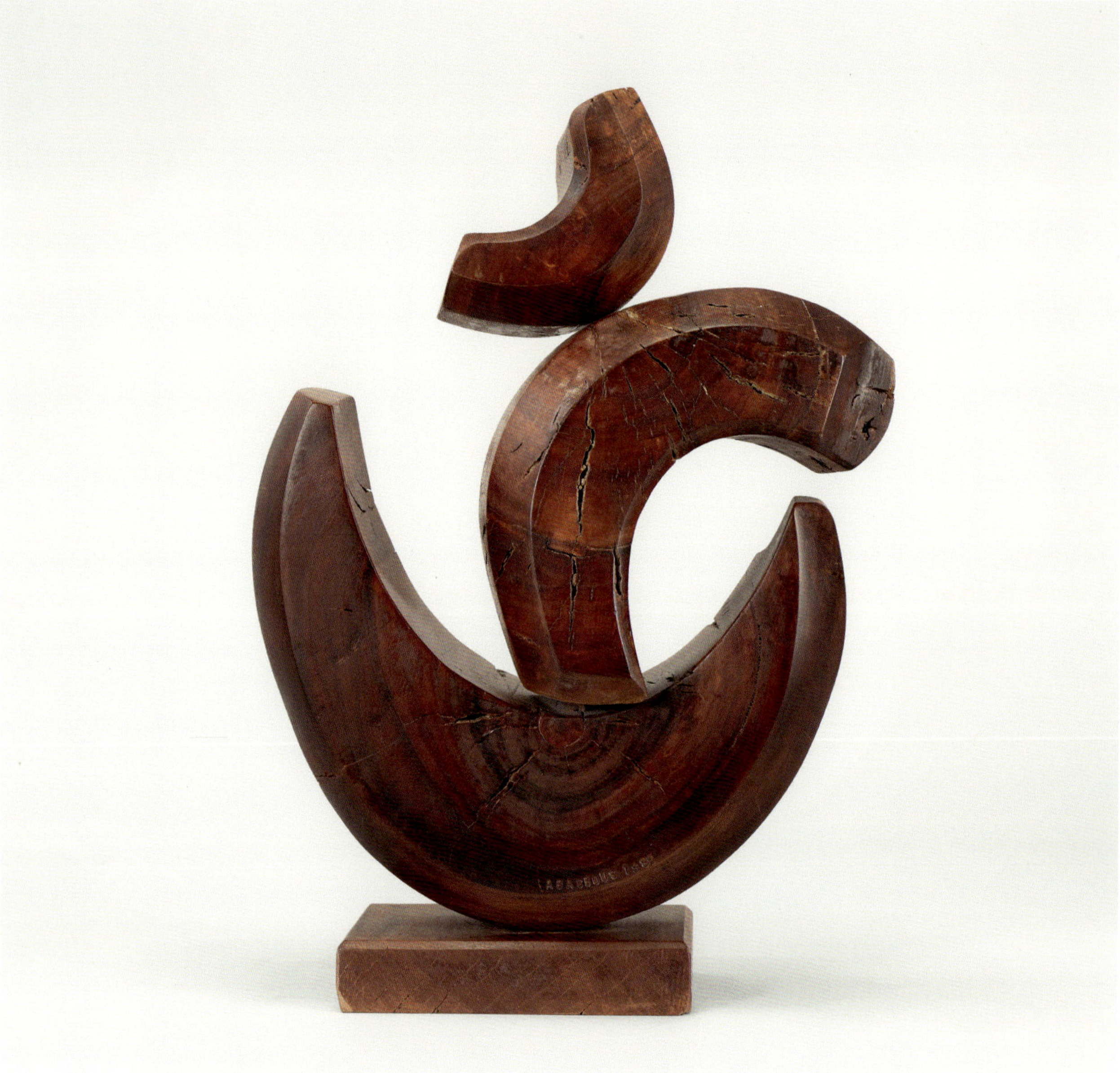

Kinetic Forms, 1989
Bois de rose / Rosewood
58 × 43 × 24 cm

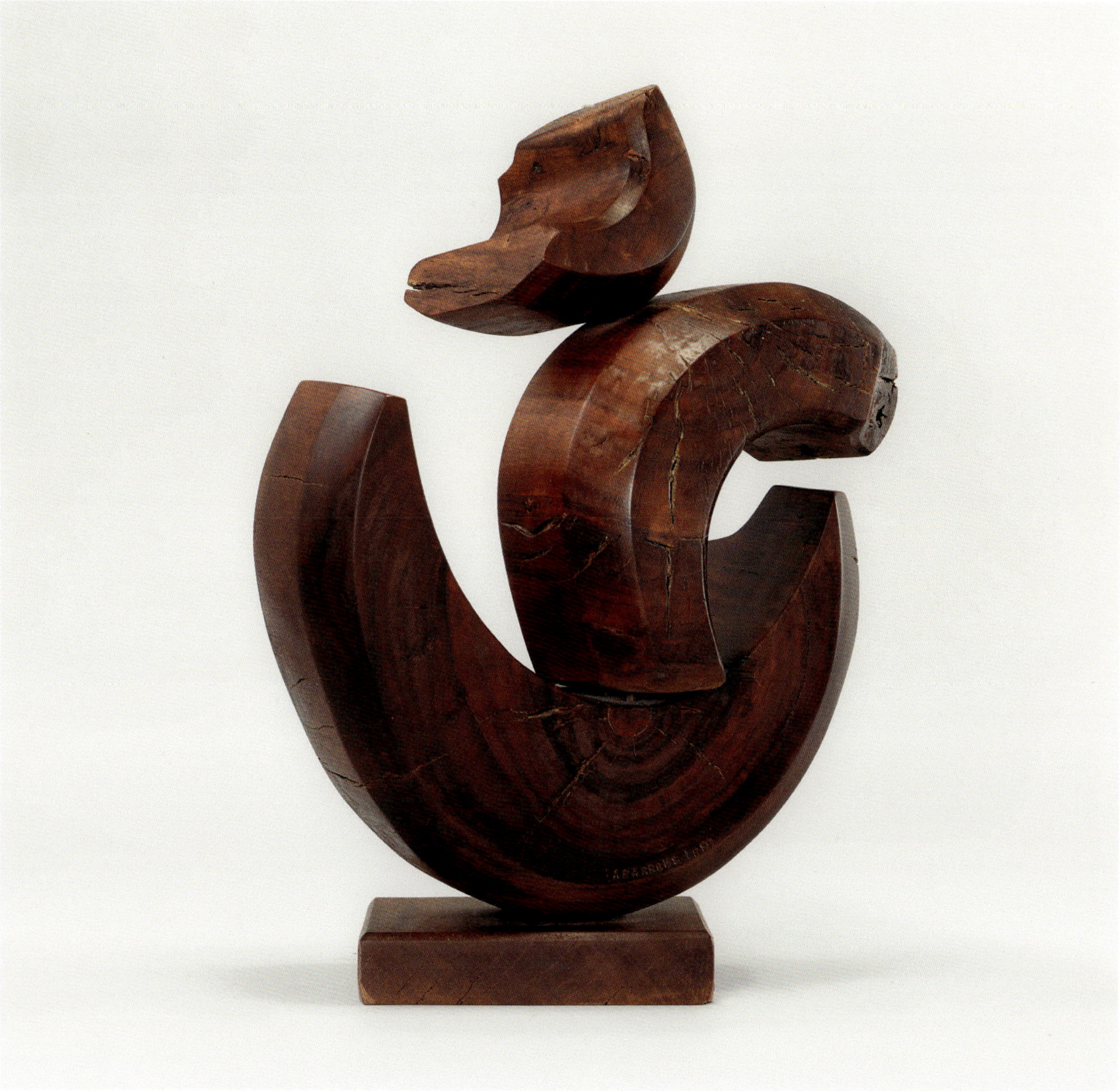

La famille, 1991
Bois de chêne rouge / Red oak wood
43.5 × 17 × 12 cm

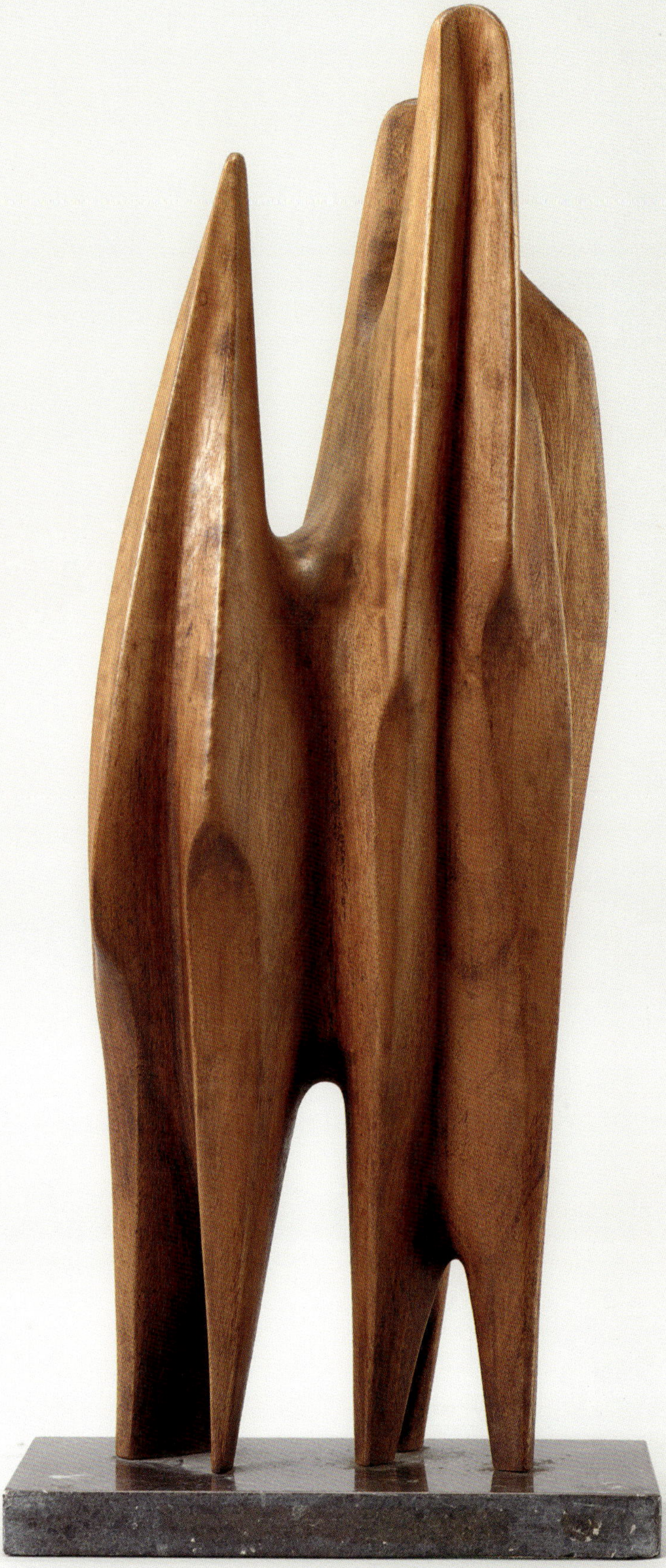

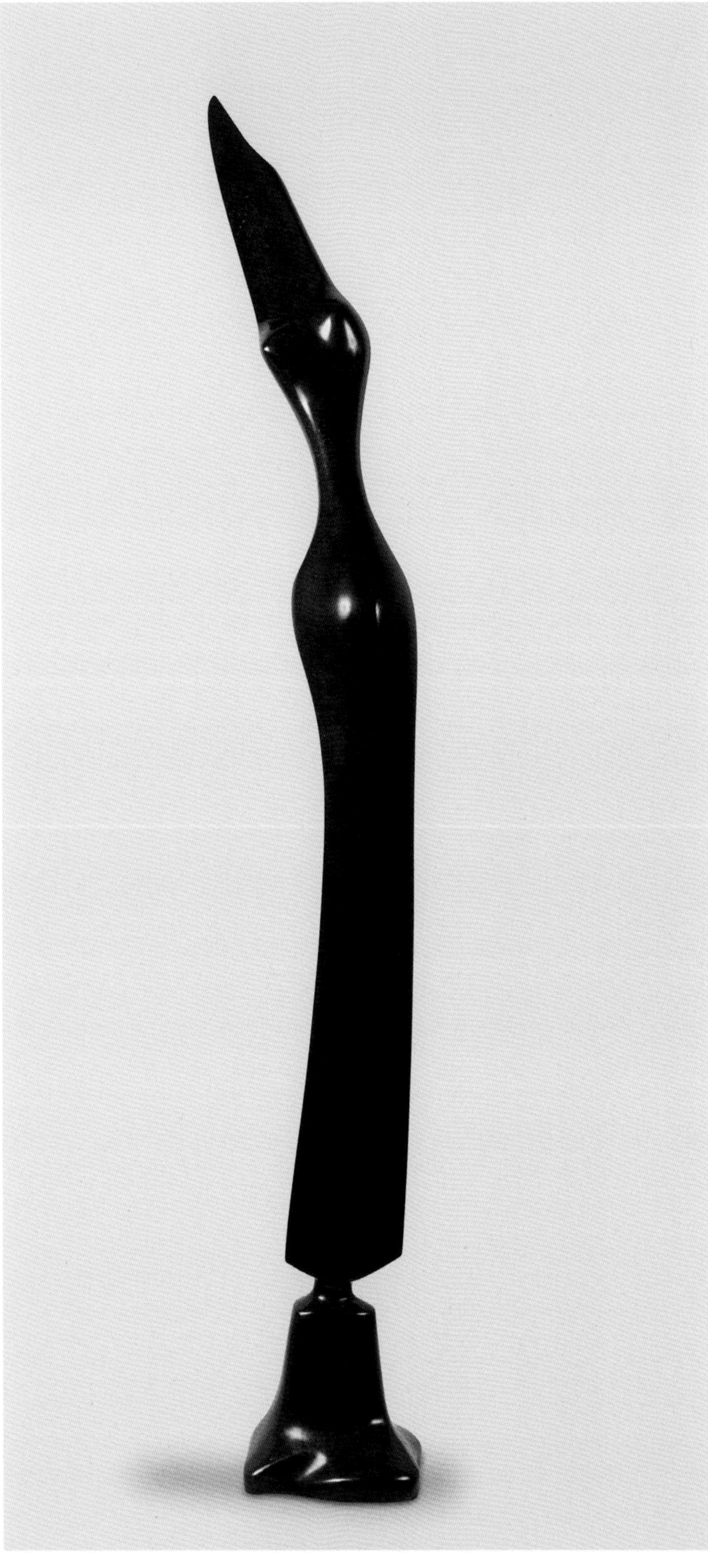

Femme Flamme, 1985
Bronze à patine noire et bleue /
Bronze black and blue patina
Édition de 8 / Edition of 8
193 × 25 × 25 cm

Accolade, 1993
Bronze à patine marron /
Bronze brown patina
Édition de 8 / Edition of 8
80 × 16 × 6 cm

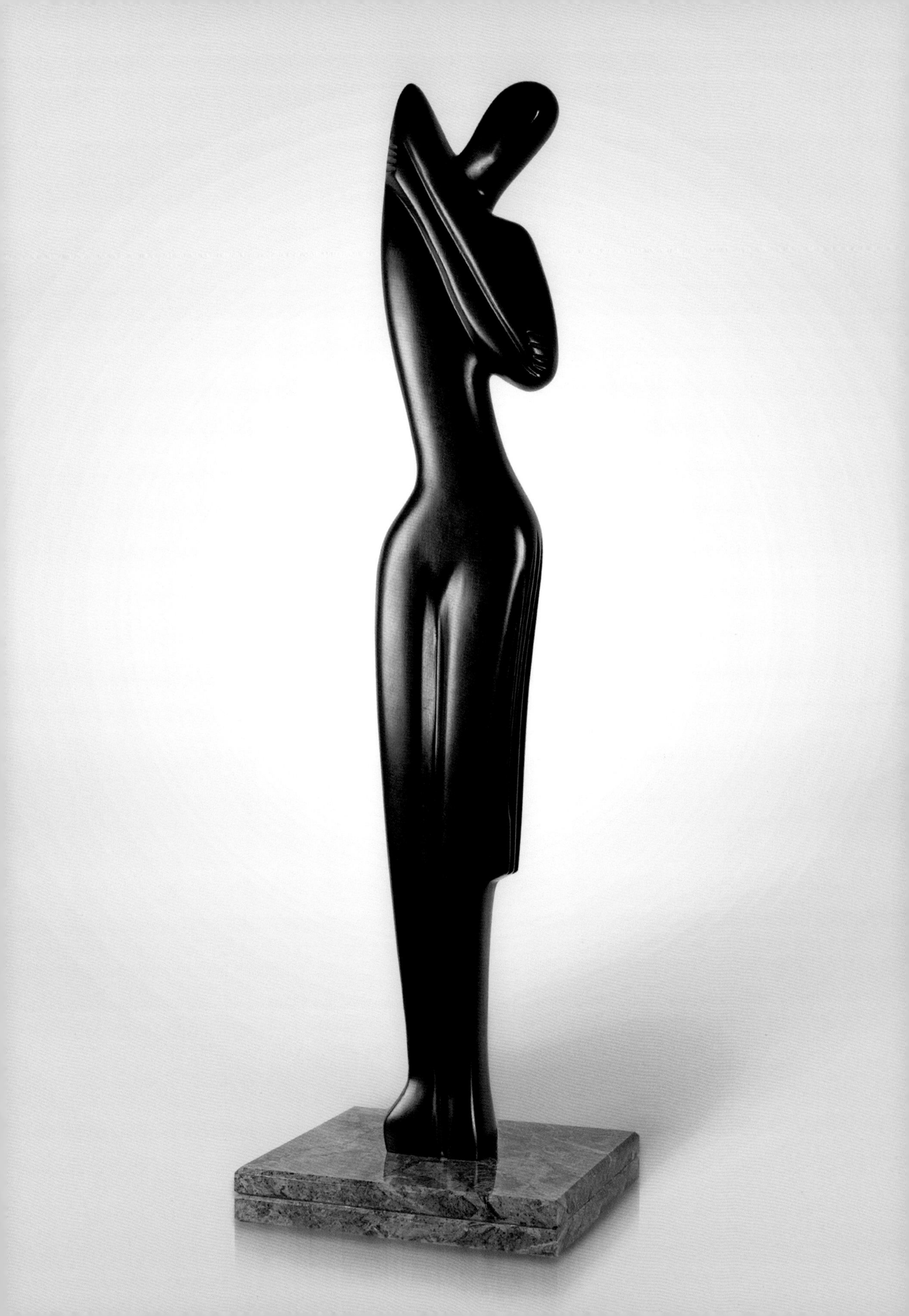

Styliste, 1999
Bois d'acajou / Mahogany wood
155 × 13 × 5 cm

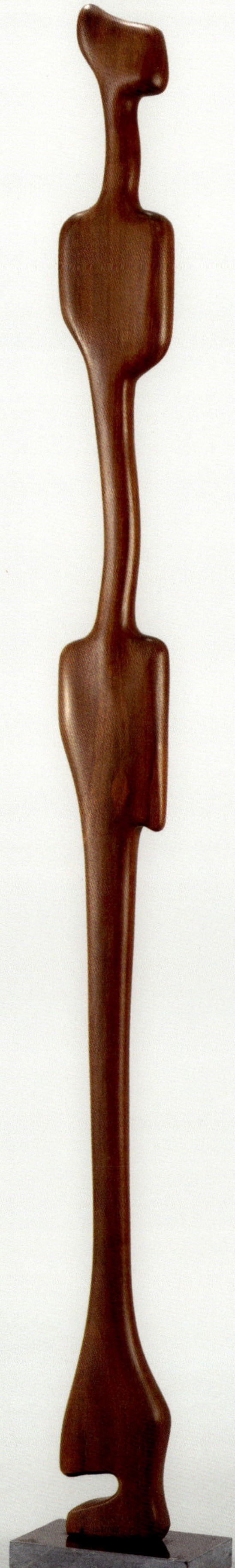

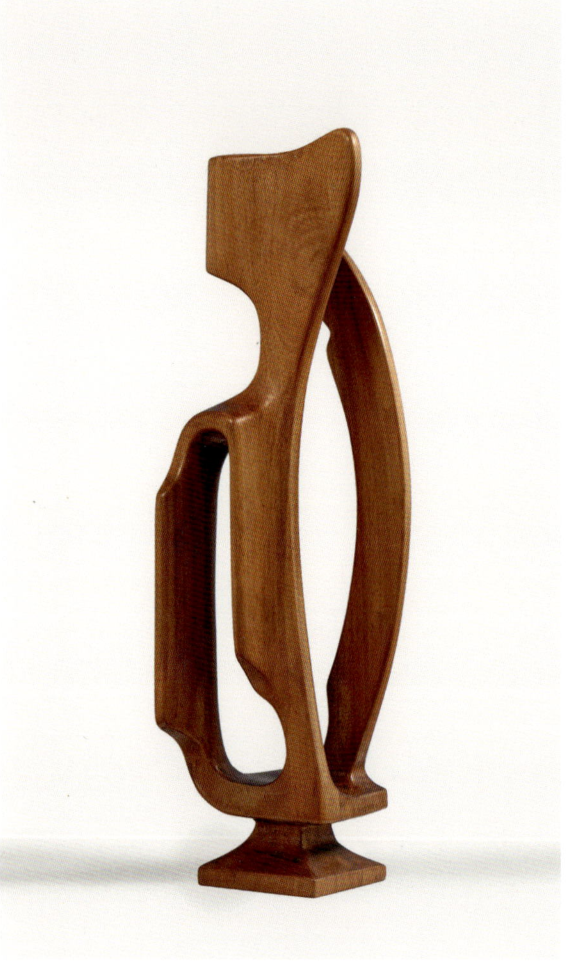

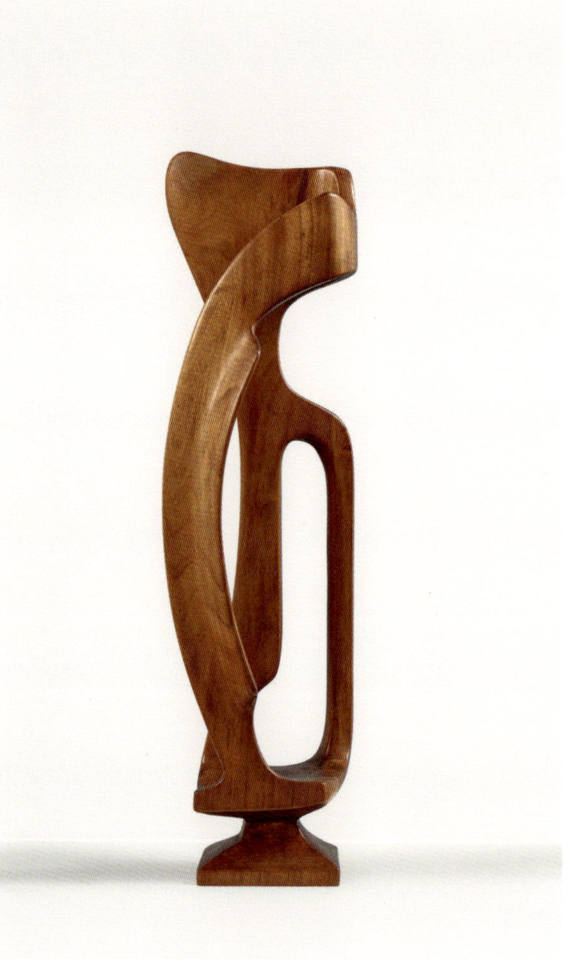

Abstract, 1989
Bois de chêne rouge / Red oak wood
75 × 22 × 22 cm

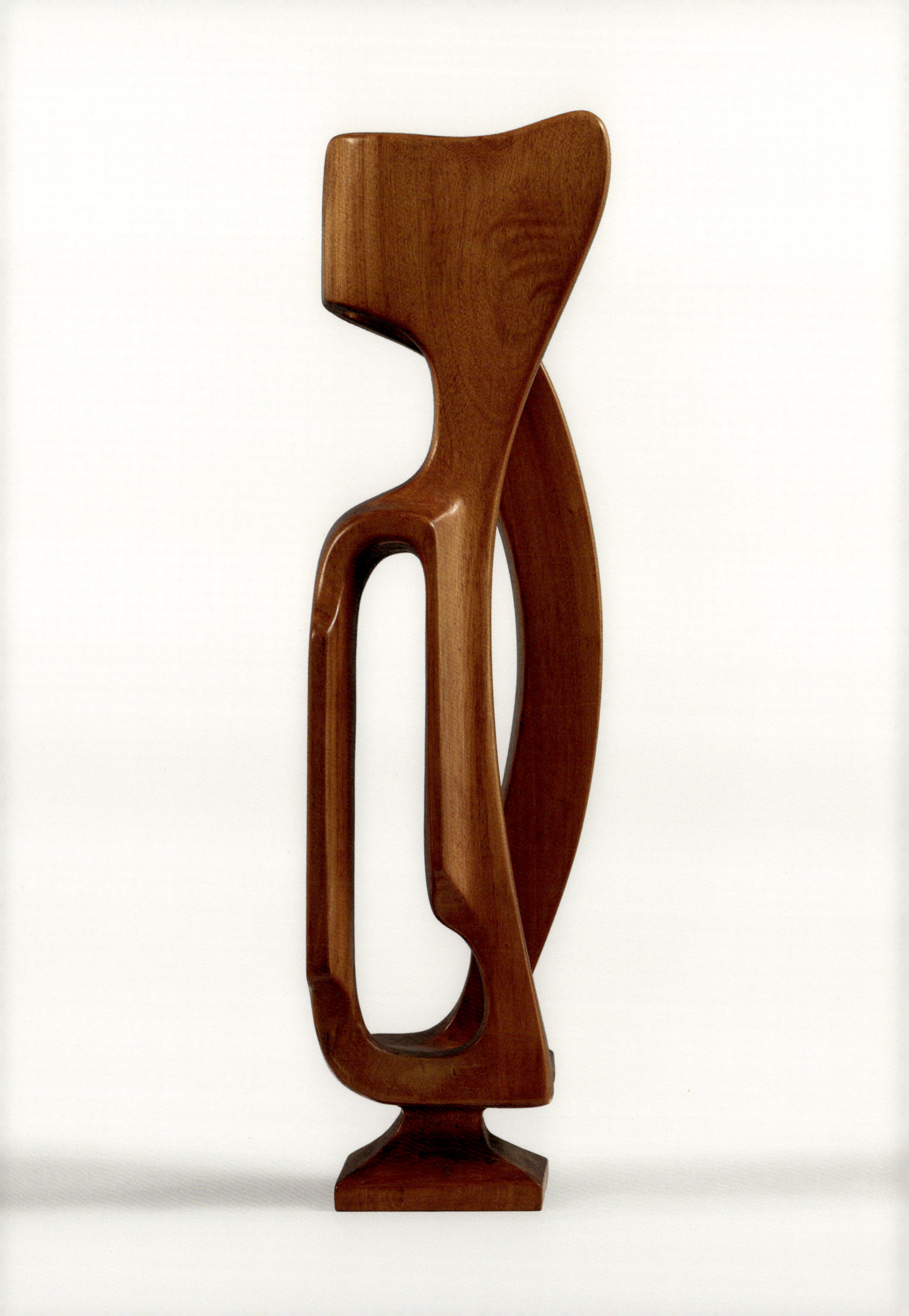

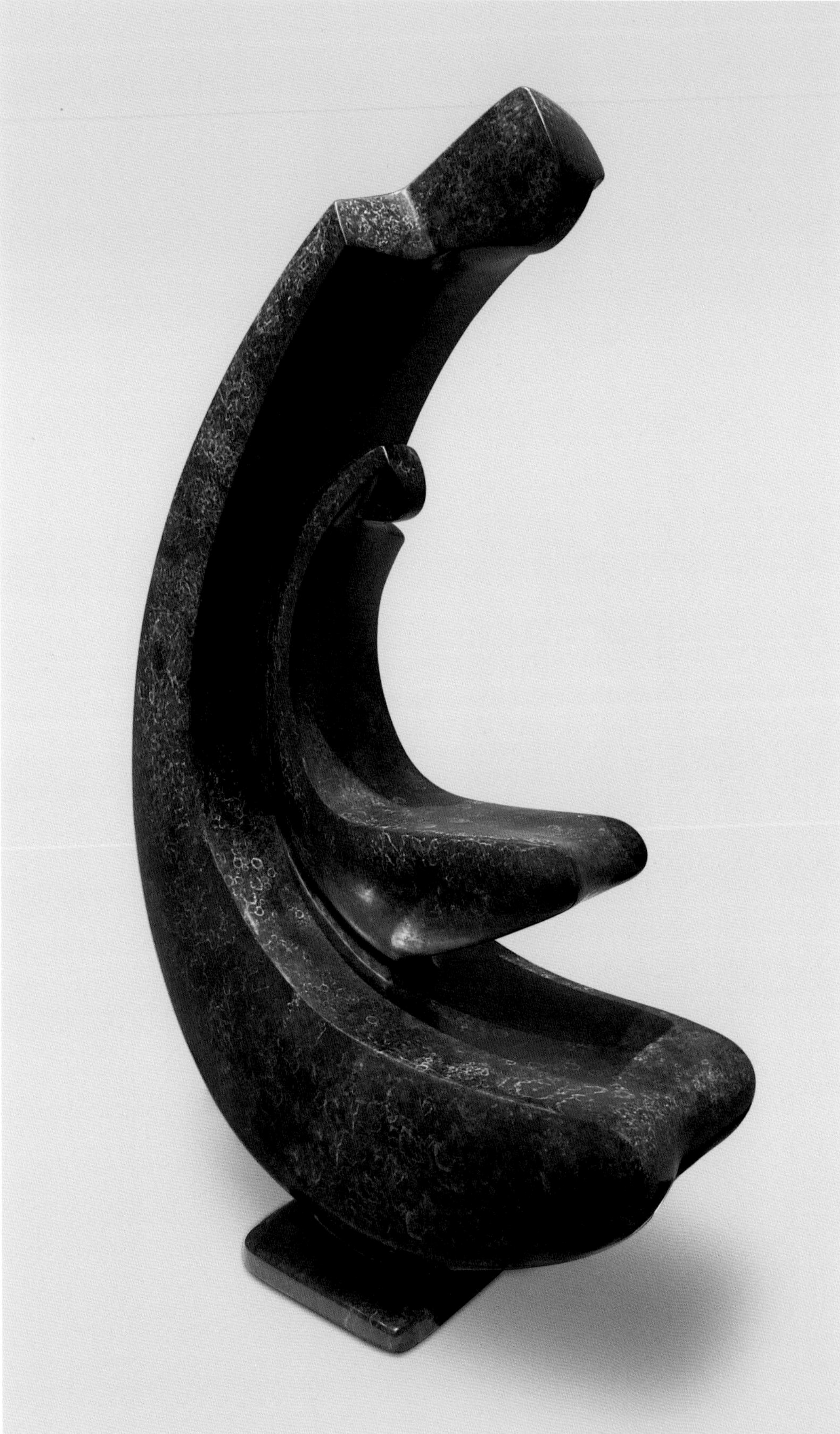

Mother & Child, 1998
Bronze à patine noire et bleue / Bronze black and blue patina
Édition de 8 / Edition of 8
115 × 70 × 30 cm

Profile, 2004
Bronze à patine marron et rouge /
Bronze brown and red patina
Édition de 8 / Edition of 8
115 × 60 × 15 cm

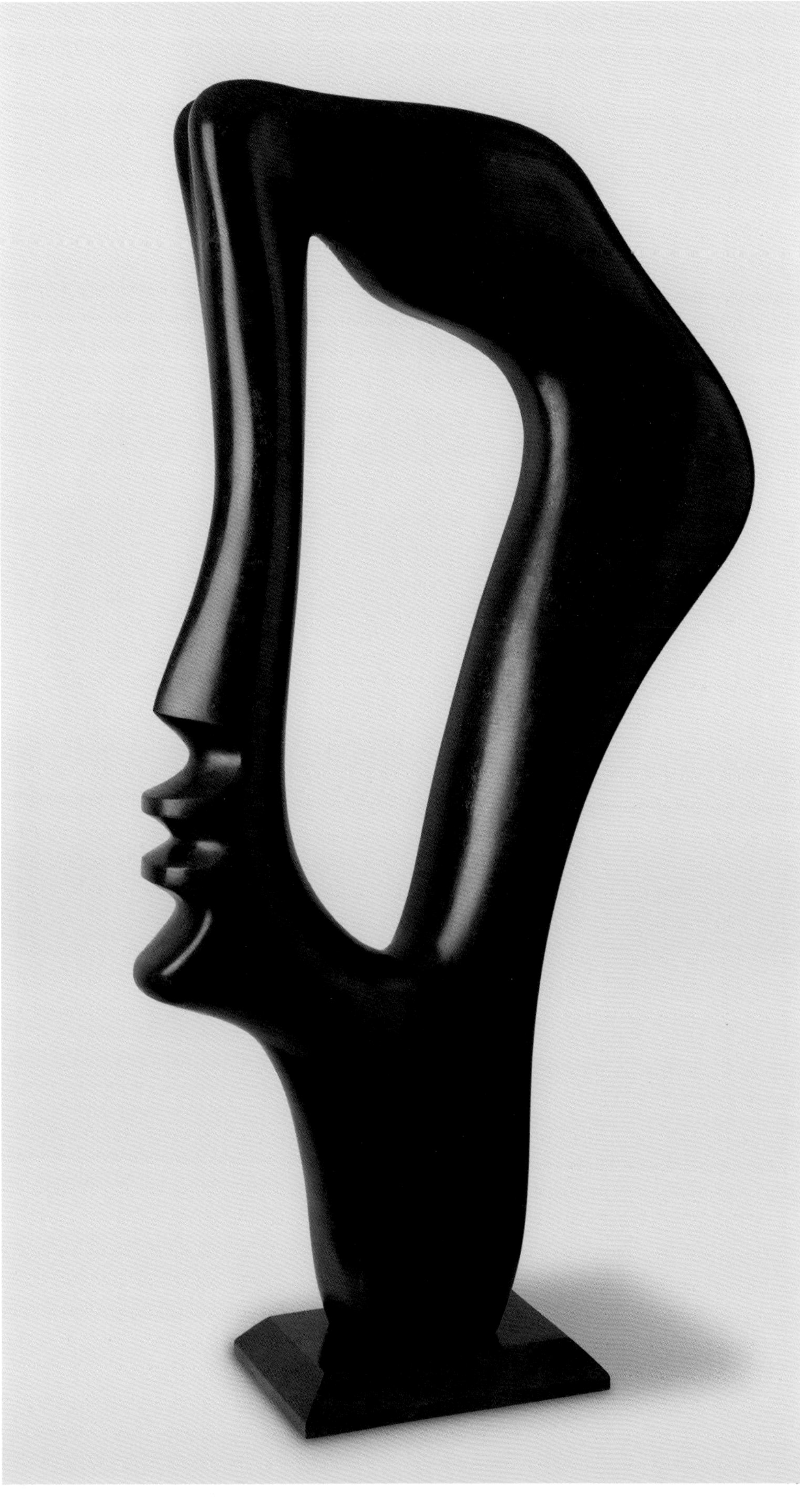

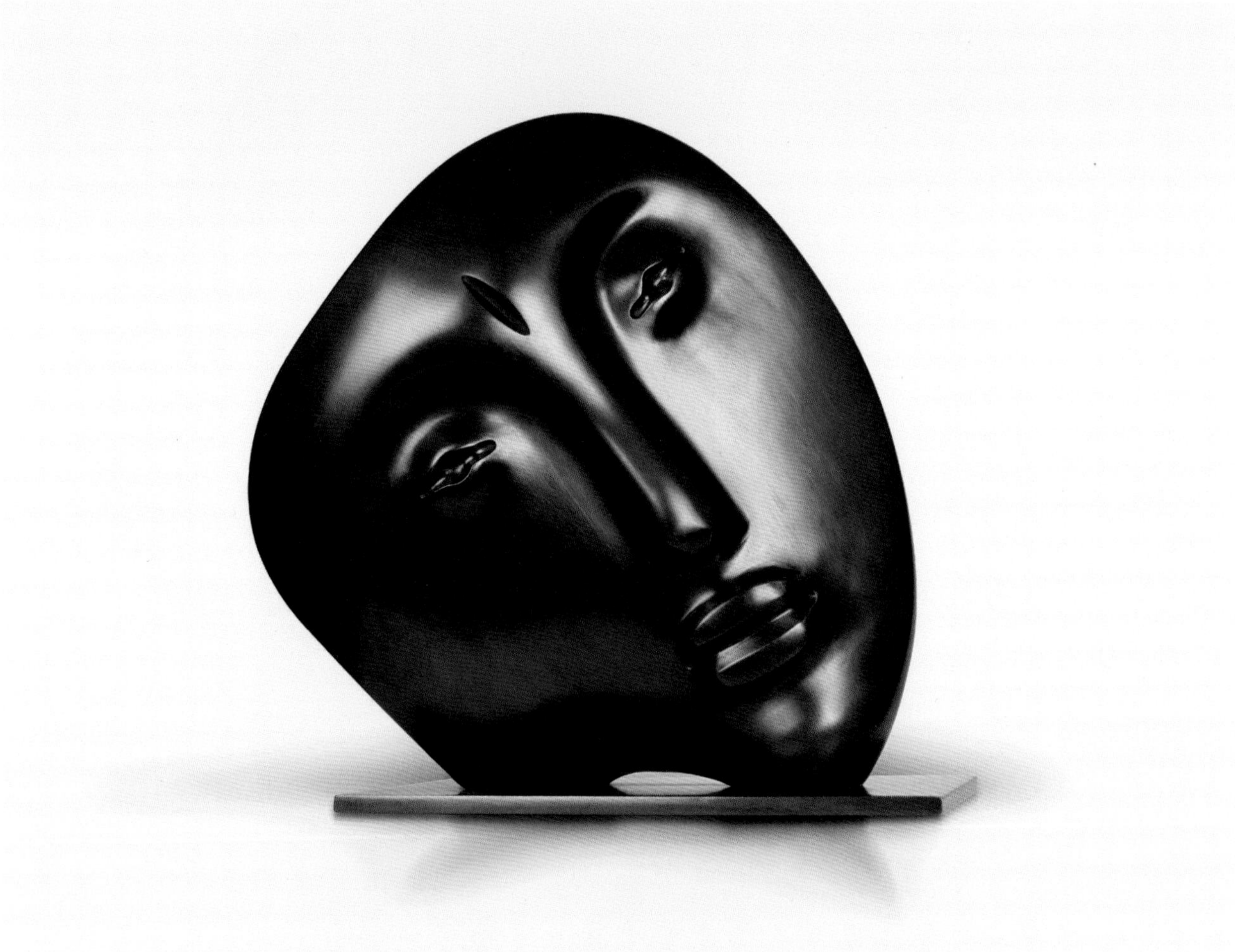

Le Rêveur, 2002
Bronze à patine noire et bleue /
Bronze black and blue patina
Édition de 12 / Edition of 12
34 × 15 × 32 cm

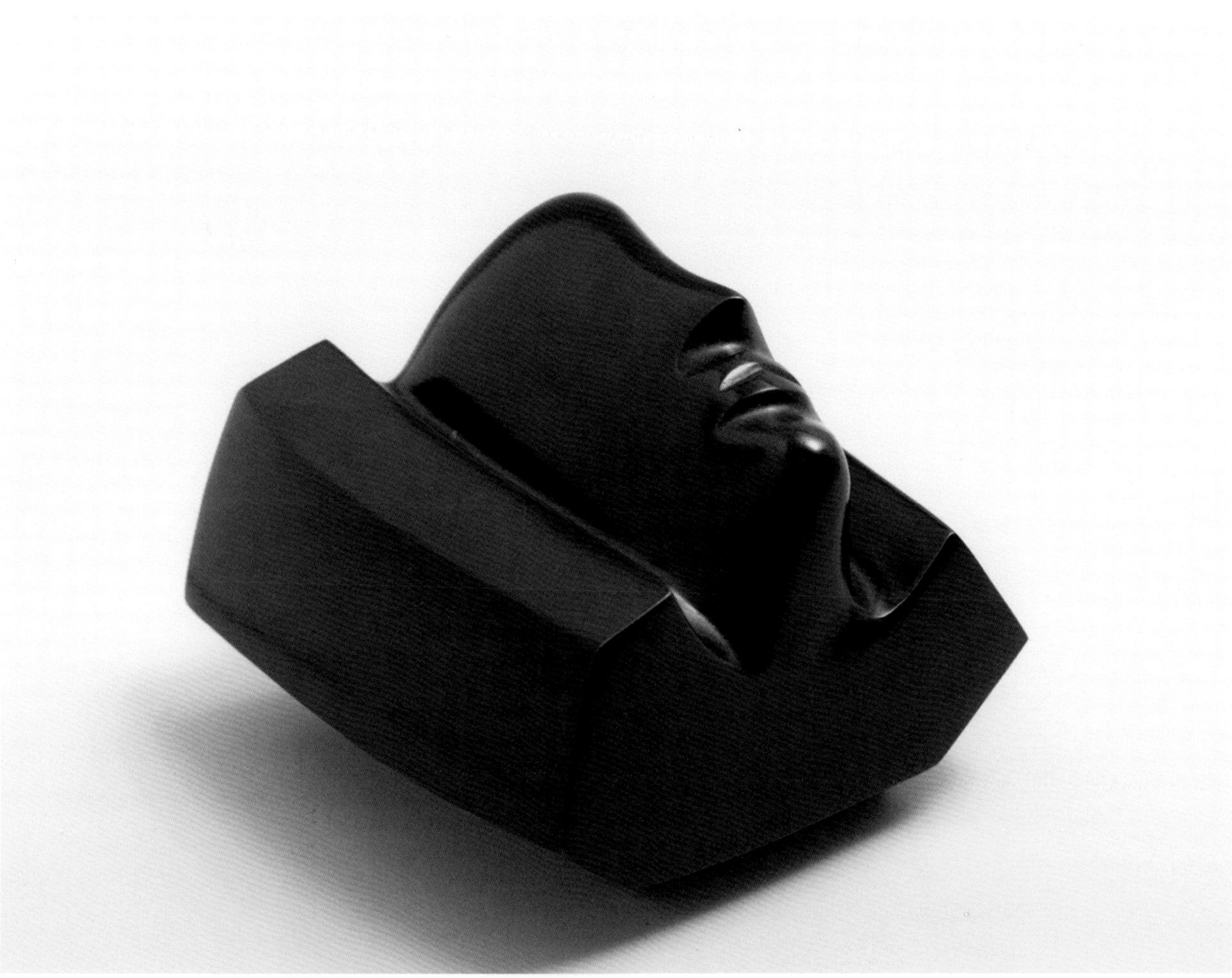

Sleeping muse, 1997
Bronze à patine noire et bleue /
Bronze black and blue patina
Édition de 8 / Edition of 8
14,5 × 20 × 19 cm

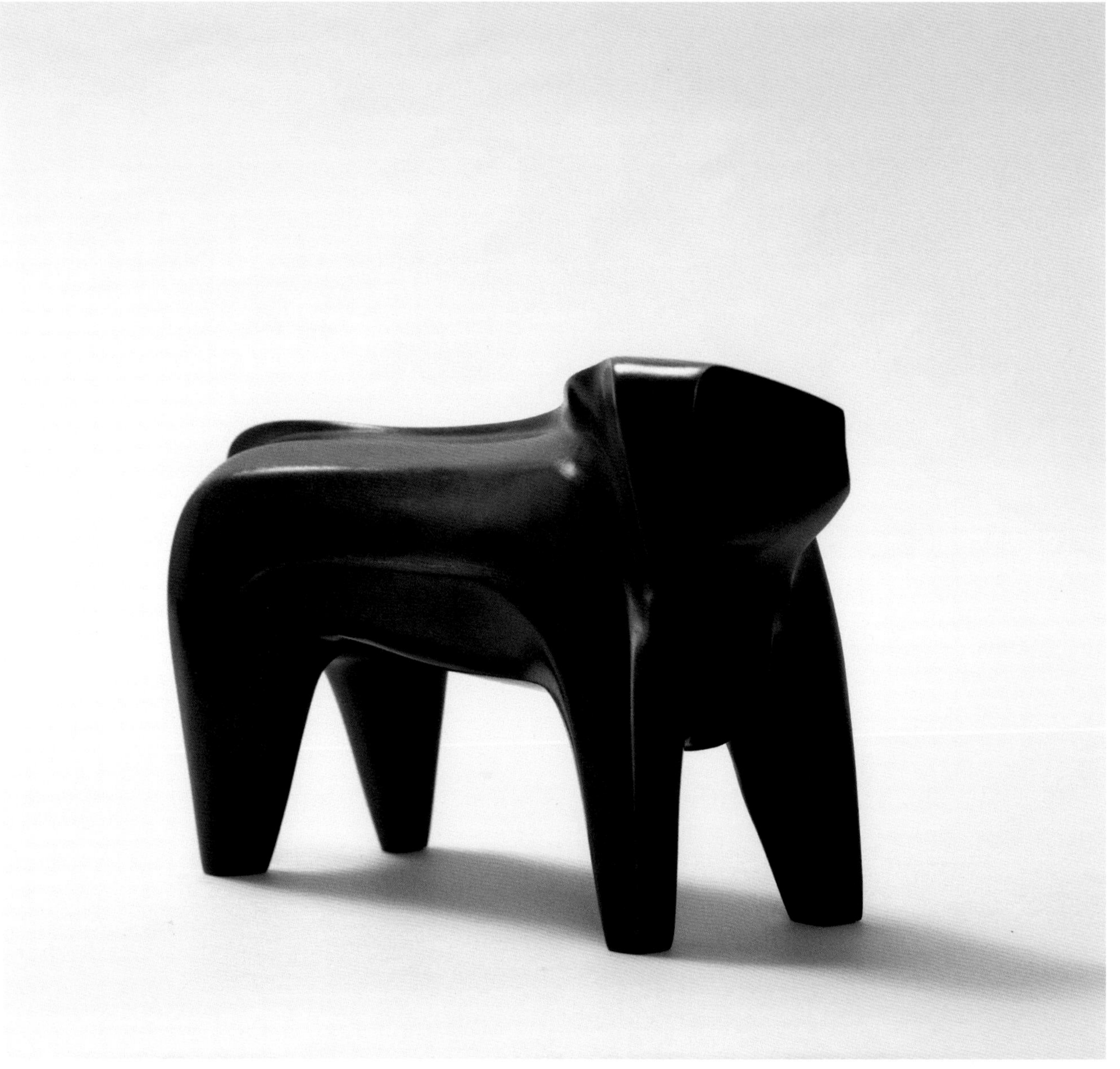

Taureau, 2003
Bronze à patine noire et bleue /
Bronze black and blue patina
Édition de 12 / Edition of 12
19 × 30 × 12 cm

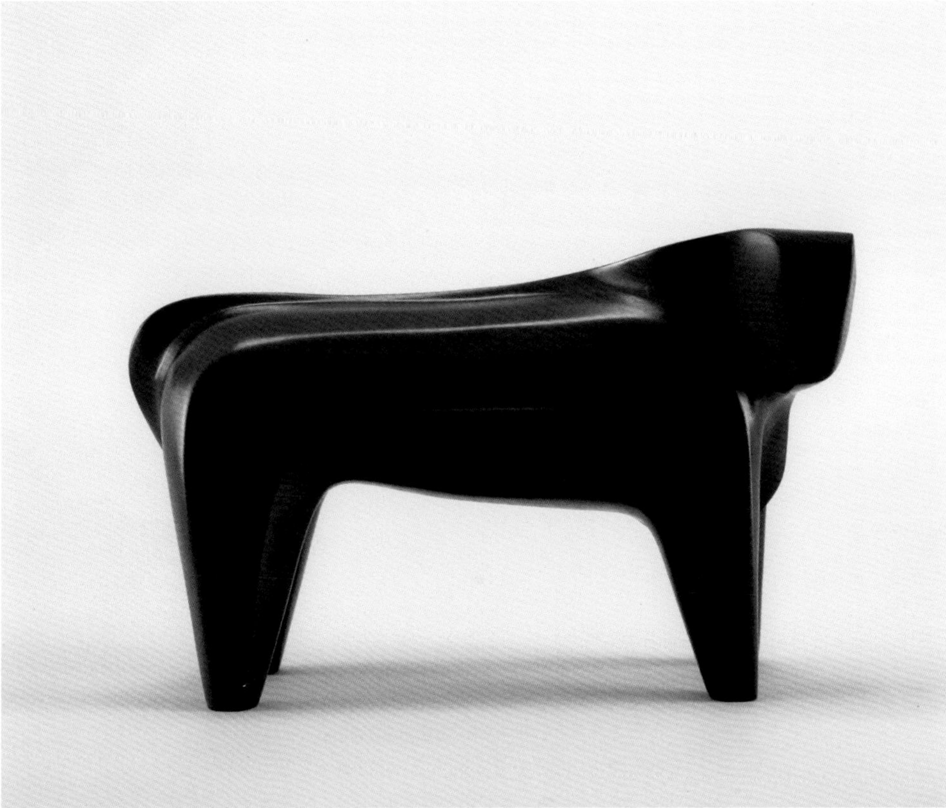

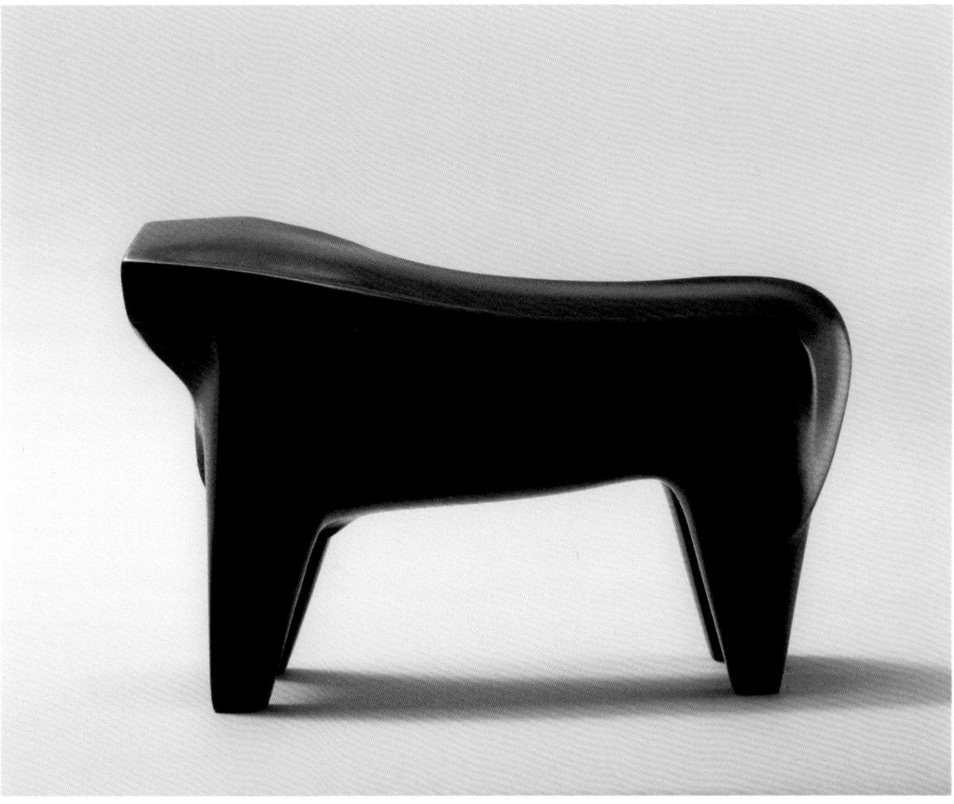

Seated woman, 1997
Bronze à patine marron /
Bronze brown patina
Édition de 8 / Edition of 8
48 × 26 × 15 cm

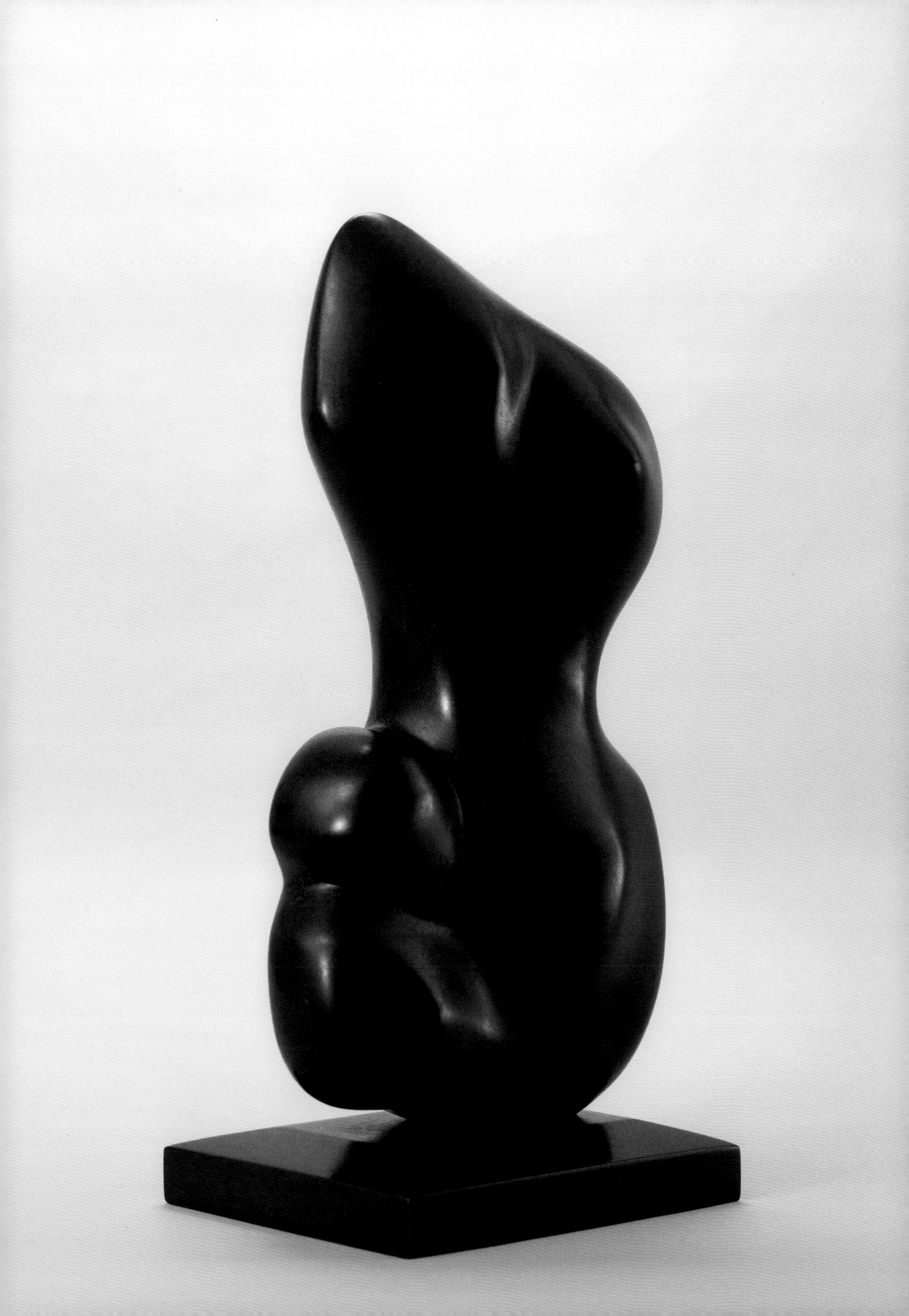

Symphony, 1992
Bronze à patine noire et bleue /
Bronze black and blue patina
Édition de 8 / Edition of 8
45 × 42 × 12 cm

Page 104
Abstract, 1993
Bronze à patine noire et bleue /
Bronze black and blue patina
Édition de 8 / Edition of 8
39 × 19 × 11 cm

Page 105
Couple, 2002
Bronze à patine marron /
Bronze brown patina
Édition de 12 / Edition of 12
66 × 28 × 20 cm

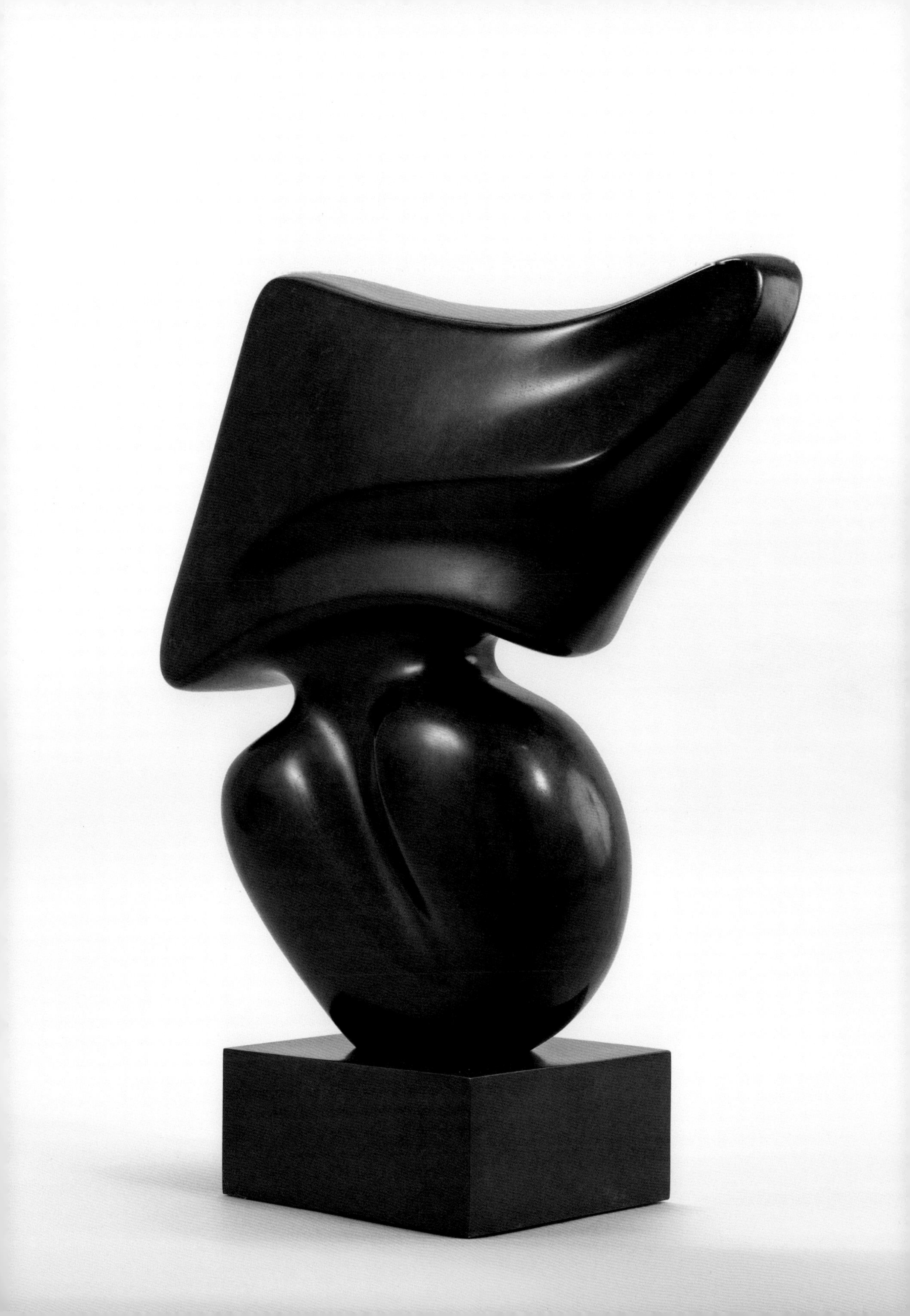

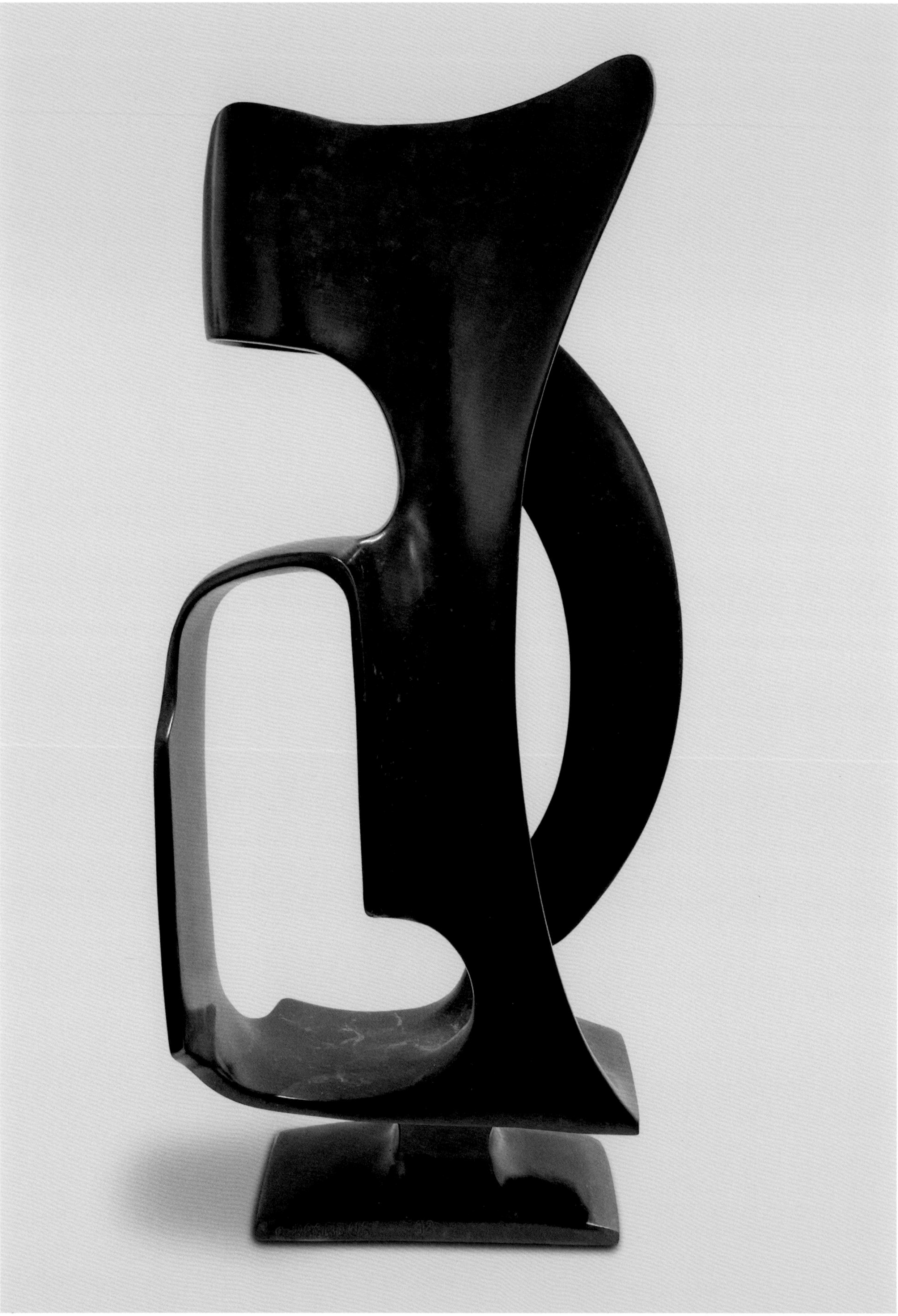

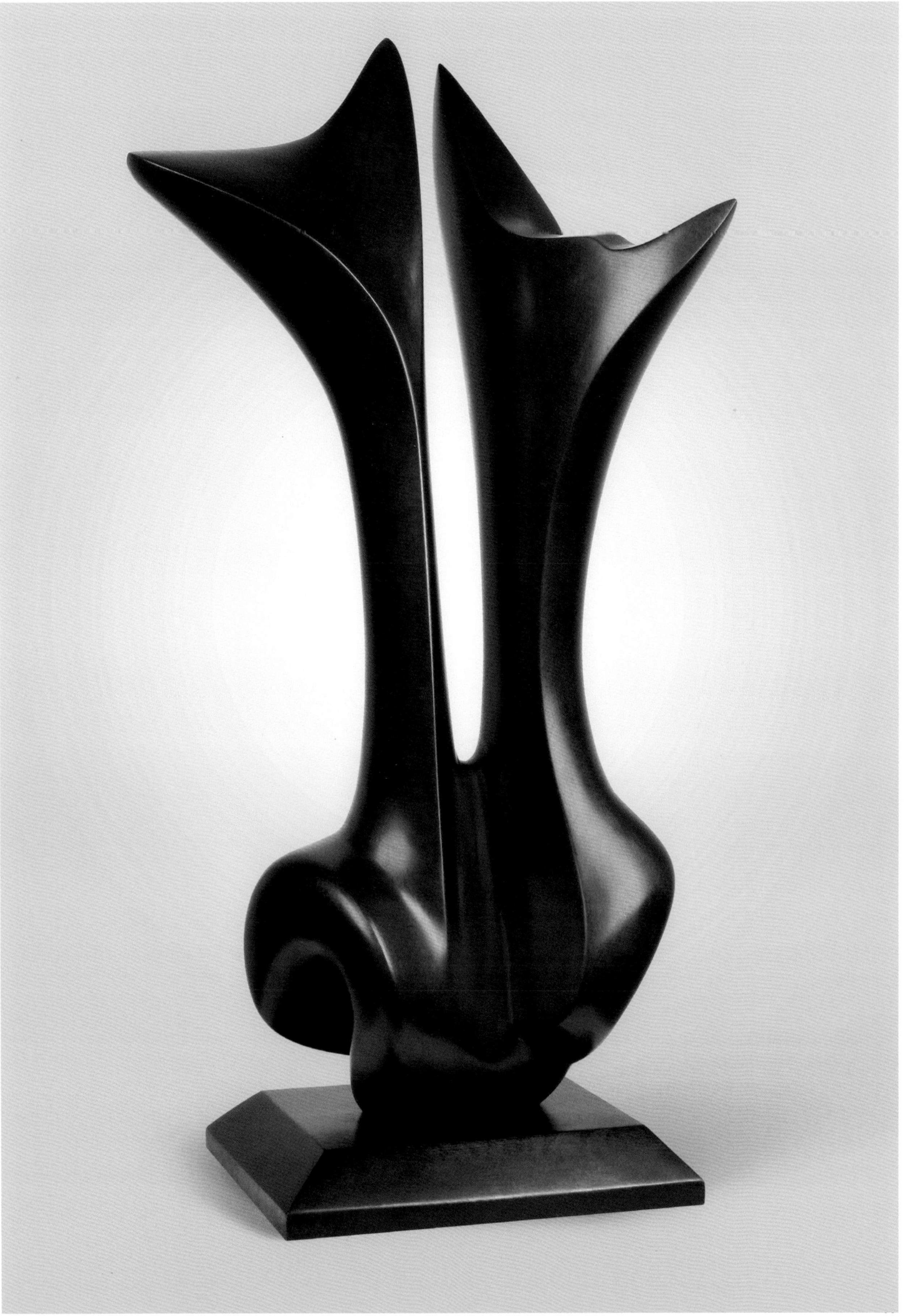

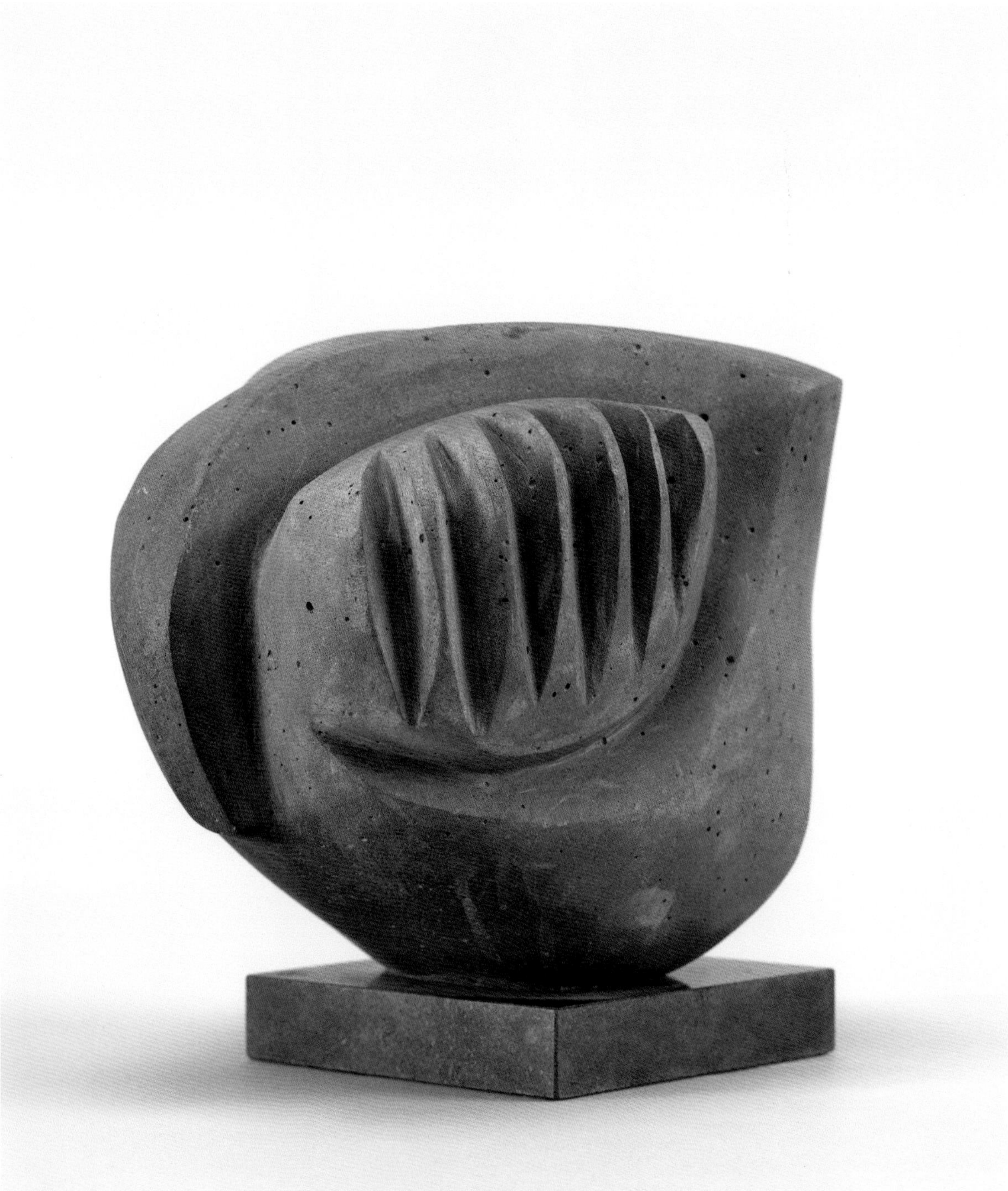

Abstract, 2001
Basalte sur socle en marbre noir /
Basalt on a black marble stand
22 × 31 × 23 cm

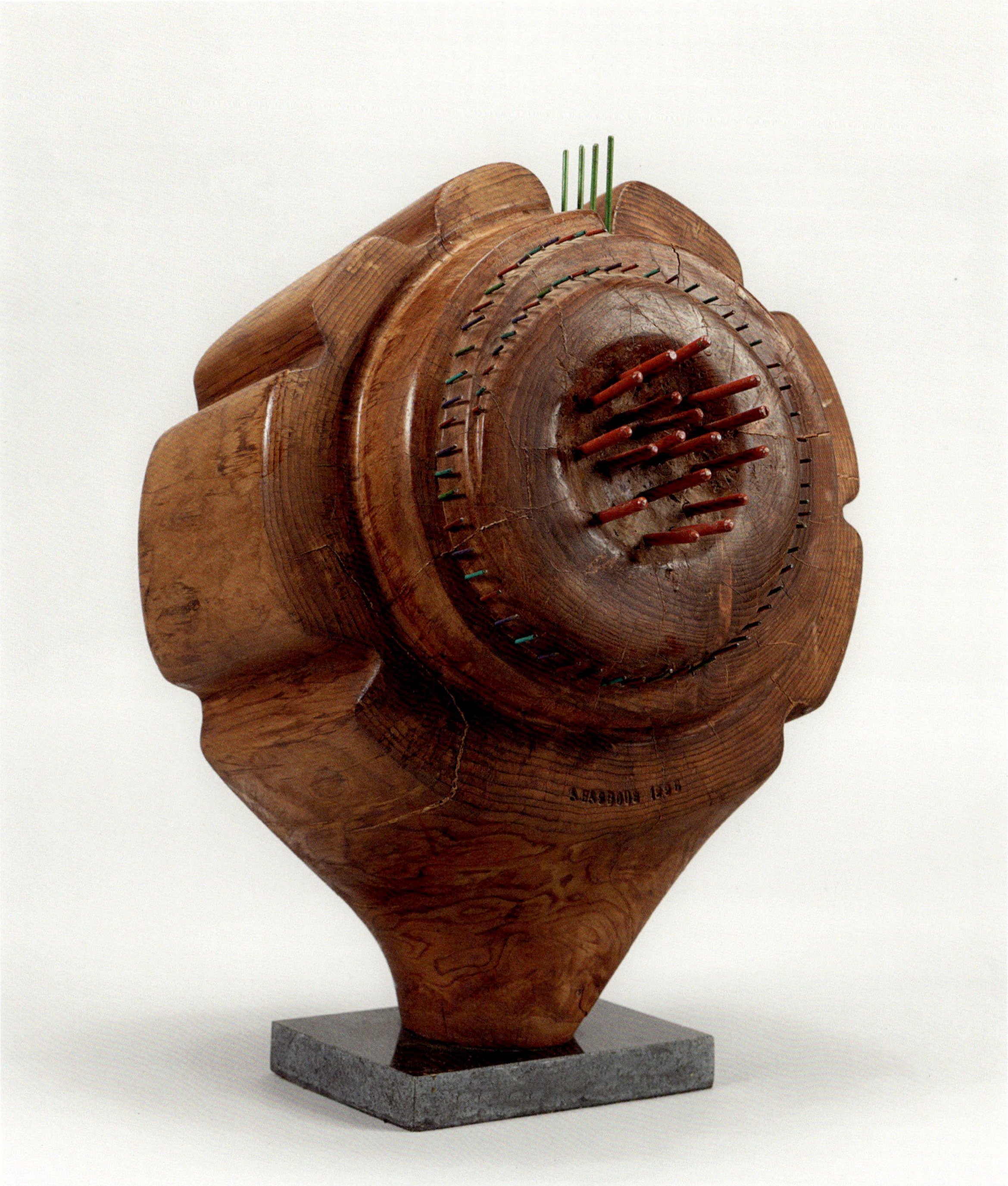

Beehive, 1995
Bois de chêne rouge sur socle en marbre noir /
Red oak wood on a black marble stand
50 × 45 × 42 cm

Au bord de l'amour, 2001
Marbre jordanien / Jordanian marble
39 × 28 × 21 cm

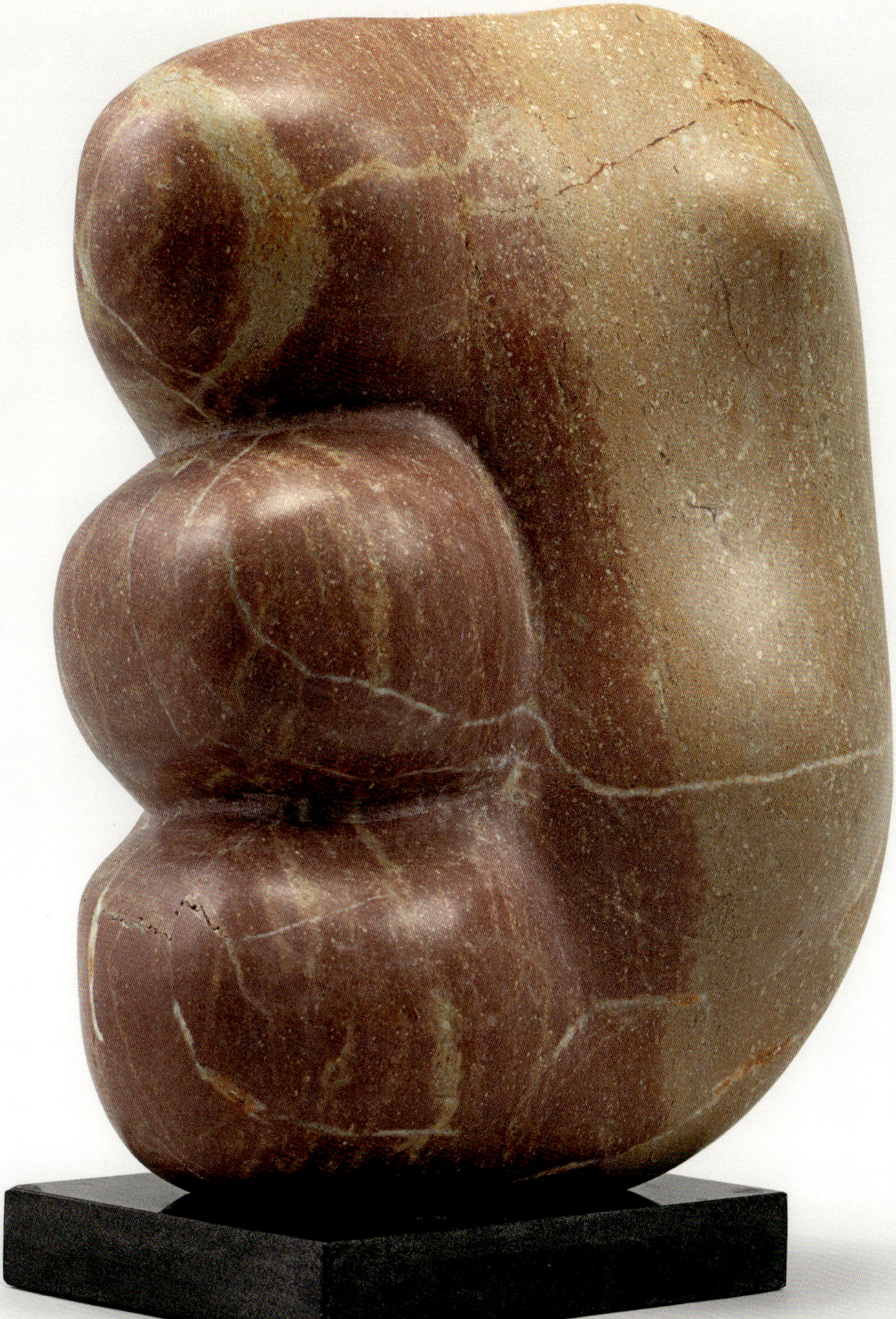

Research, 1991
Fer peint à la bombe sur socle de galet /
Sprayed iron on a pebble base
80 × 16 × 16 cm

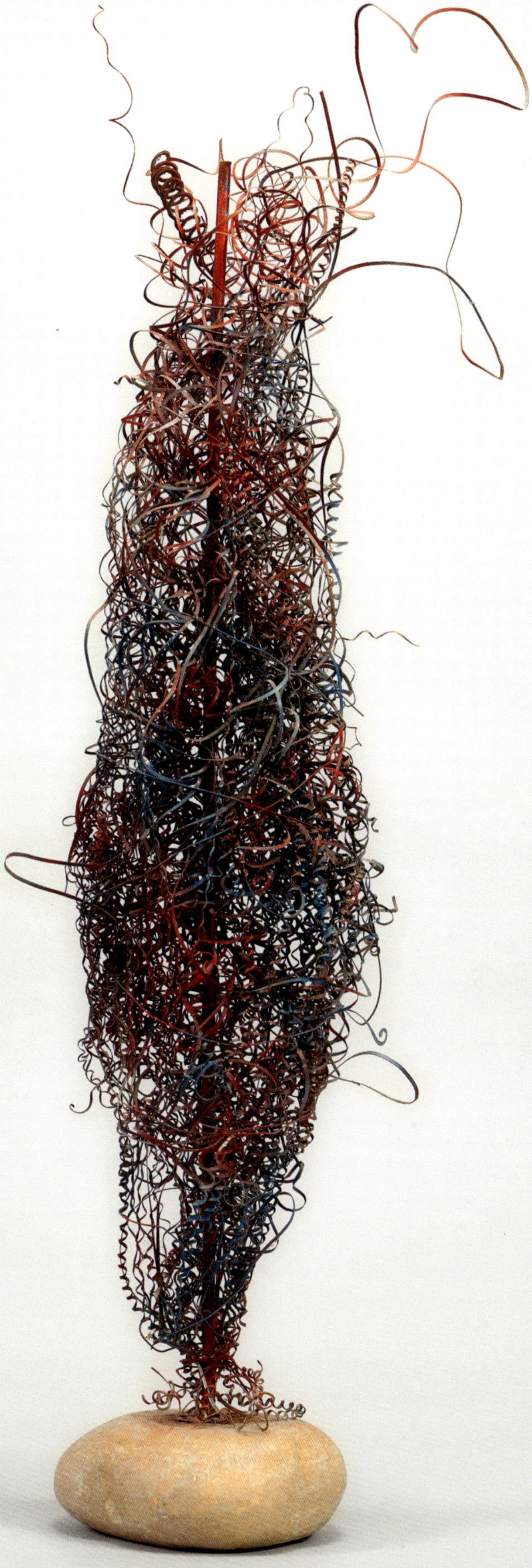

Maquette, 1991
Fer peint à la bombe / Sprayed iron
41 × 27 × 17 cm

Page 114
Alfred Basbous dans son studio à Rachana /
in his studio in Rachana, circa 1960-1970

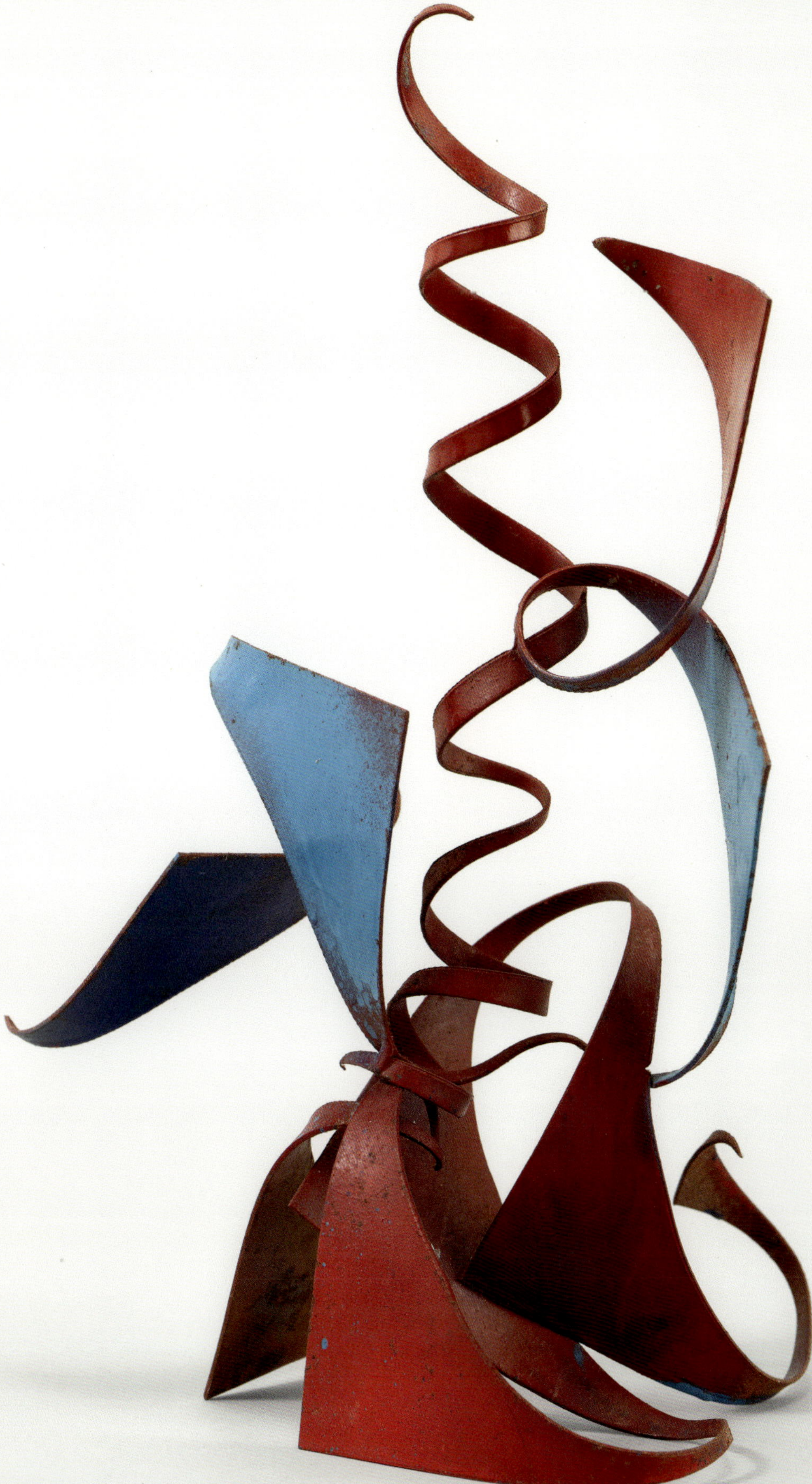

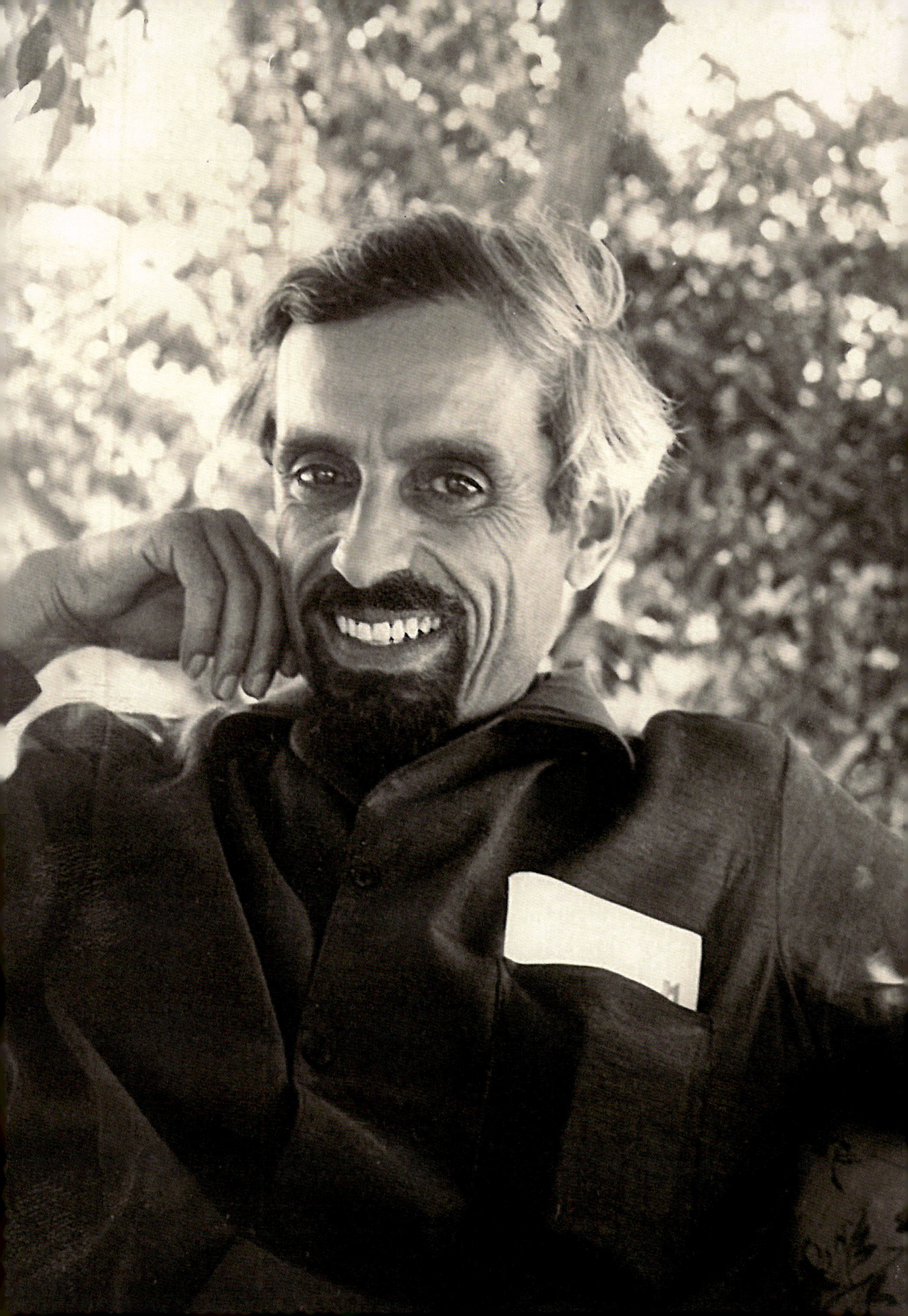

Biographie / Biography

Impressions de jeunesse et fratrie indestructible
Early life impressions and unbreakable brotherhood

Elizabeth Thornley

Alfred Basbous naît en 1924 à Rachana, petit village situé à une cinquantaine de kilomètres au nord de Beyrouth. Commune plus anodine et modeste que la plupart des villages libanais, Rachana occupe cependant une situation privilégiée, dominant un vaste paysage vallonné.

Le père d'Alfred, homme solennel au tempérament rigoureux et personnalité centrale de la vie locale, est respecté des villageois. Outre les responsabilités de son ministère de prêtre du village, il pratique avec une incontestable dextérité l'art de la calligraphie, qu'il met au service de l'illustration de textes bibliques. Alfred Basbous évoquera le souvenir de son père travaillant à son art : « Un son lointain et familier qui remonte à mon enfance… Je l'entendais qui provenait du bureau de mon père, c'était le grincement de son crayon taillé dans une pointe de roseau dur, tandis qu'il esquissait ses dessins… » Son enfance et ses années de formation au contact direct d'une famille d'artistes ont très certainement exercé ultérieurement une influence sur ses choix professionnels, mais également sur ceux de ses frères, eux aussi sculpteurs. Qu'ils aient mené conjointement ou parallèlement leurs carrières respectives, les trois frères Basbous sont restés unis leur vie durant dans leur quête artistique et dans un même amour de la sculpture.

Tout au long de leur carrière, Michel (1921-1981), Alfred (1924-2006) et Joseph (1929-2001) présentent tour à tour leurs œuvres dans le cadre d'expositions collectives ou personnelles. Bien que partageant tout naturellement entre eux leur connaissance approfondie du métier, des matériaux et des techniques de la sculpture, les frères Basbous, comme on les désignait communément, ont chacun conservé leur style personnel et les caractéristiques individuelles distinctives de leur

Alfred Basbous was born in 1924 in the small village of Rachana, located about fifty kilometers north of Beirut. Whilst slight and smaller than most villages in Lebanon, Rachana occupies a favourable location and dominates the vast rolling hills.

Alfred's father, considered strong and solemn, was respected by many as a central pillar of the local community. Alongside his commitment to his ministry as village priest, Alfred's father practiced with irrefutable dexterity the art of calligraphy, most often in the illustration of biblical texts. Memories of Alfred's father working on his art were recalled by Alfred as "a distant and familiar sound that goes back to my childhood … I could hear it coming out of my father's room, it was the squeaking of his pencil, cut from a hard reed stalk, sketching out drawings." Alfred's firsthand experience of an artistic homelife during his formative years had an undeniable influence on not only his life works but also on the works of his brothers, who also pursued successful careers as sculptors. Careers both shared and parallel, the brothers always remained united in their love and lifelong pursuit of the art of sculpting.

Michel (1921-1981), Alfred (1924-2006), and Joseph (1929-2001) moved between group exhibitions and solo shows for the span of their careers. Although the brothers combined wealth of knowledge of the profession, material, and technique of sculpting were innately shared, their individual flair and distinctive hallmarks notable within their pieces always remained unique to each brother respectively. Between them, the Basbous brothers–as they were commonly

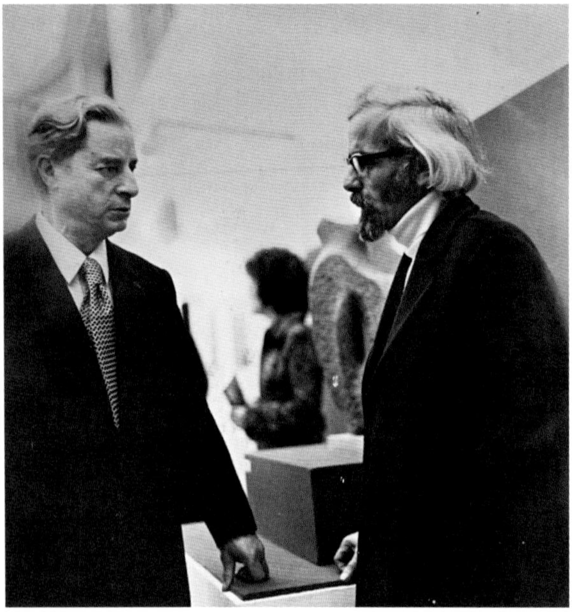

Alfred Basbous et René Collamarini à l'exposition *Collamarini son atelier*, 1974, musée Rodin, Paris / Alfred Basbous with René Collamarini at the exhibition *Collamarini son atelier*, 1974, Musée Rodin, Paris

travail. À eux trois, ils ont révolutionné l'art de la sculpture libanaise et, puisant dans leur énergie et leur talent d'artistes, métamorphosé leur village natal en un musée à ciel ouvert.

Les débuts de la vie professionnelle

Après la mort de son père, Alfred, encore adolescent, est engagé comme maître maçon dans l'entreprise chargée de la construction de la ligne de chemin de fer Haïfa-Tripoli. Ce travail lui permet d'expérimenter différentes techniques et de se familiariser avec les possibilités que recèlent substance et forme. Après la Seconde Guerre mondiale, les frères Basbous participent tous trois à la construction d'autels d'églises aux décors merveilleusement détaillés, notamment ceux de l'église Saint-Maron, à Batroun, et du monastère de Sainte-Rafqa, à Jrebta. Alfred s'oriente vers l'activité de tailleur de pierre, perfectionnant tranquillement sa pratique, avant d'abandonner ce métier en 1957 pour se consacrer entièrement à son art.

Ambitions parisiennes

Basbous expose pour la première fois son travail en 1958 à la galerie Alecco Saab, à Beyrouth.

known, revolutionized Lebanese sculptural art, using their energy and artistic aptitude to transform their native village into an open-air museum.

Early life

After the death of his father, teenager Alfred was hired as a master mason for the company responsible for the construction of the Haifa–Tripoli railway. It allowed him to begin experimenting on his technique and gaining exposure to the possibility of substance and shape. After the end of the Second World War, the brothers participated collectively in the construction of detailed and magnificent altars for churches, notably that of Saint Maron in Batroun, as well as that of the Convent of Saint Rafqa in Jrebta. Alfred continued to work as a stonemason, honing his craft quietly and assuredly, until in 1957 he stepped away from the business to devote himself entirely to his art.

Parisian pursuits

Alfred exhibited his works for the first time in 1958 at the Alecco Saab gallery in Beirut: both a decisive and trailblazing exhibition which marked the beginning of a long upward trajectory. Alfred himself recalled the resounding response as one of his most pivotal moments both artistically and personally, in grasping a sense of the commercial viability of his work on a popular scale in his early days exhibiting.

Alfred entered the prestigious École nationale des beaux-arts in Paris in 1960 after receiving a highly coveted scholarship from the French government, alongside the famed novelist Leila Baalbaki and widely admired poet Adonis. He spent seven months in Paris, considered at that time to be an essential place in the field of the arts, at least as regards to the training of young artists within the school of fine arts.

As the swinging sixties commenced, Alfred held an exhibition of his twenty-one stone and woodwork pieces in 1961, pieces he had completed during his time spent at the École nationale des beaux-arts in Paris. In the same year, he went on to claim first prize for

Cette exposition à la fois novatrice et décisive marque le début d'une longue trajectoire ascendante. Basbous évoquera cette exposition et le succès retentissant qu'elle rencontre comme une étape clé de sa carrière, tant sur le plan artistique que personnel, car il prend alors conscience de la popularité et de la viabilité commerciale de son travail.

En 1960, bénéficiant d'une bourse très convoitée accordée par le gouvernement français, en même temps que la romancière Leila Baalbaki et le poète Adonis, il entre à la prestigieuse École nationale des beaux-arts de Paris. Il séjournera sept mois dans la capitale française, à l'époque considérée comme le centre de la vie artistique, du moins pour ce qui est de la formation de jeunes artistes au sein des Beaux-Arts.

En 1961, à l'aube des *Swinging Sixties*, il expose vingt-et-une pièces en pierre ou en bois réalisées lors de son séjour parisien. La même année, il remporte le premier prix de sculpture de l'École nationale des beaux-arts. Par ailleurs, ses œuvres et celles de son frère Michel sont présentées au musée Rodin dans le cadre de l'Exposition internationale de sculpture. En 1970, évoquant ses souvenirs parisiens lors d'un entretien avec Victor Hakim, Basbous lui confie qu'il était venu à Paris en songeant à son patrimoine culturel et son effet sur la sensibilité et l'engagement de ses compatriotes vis-à-vis de leur création artistique.

Sculpture d'Alfred Basbous exposée à l'École nationale des beaux-arts, 1961, Paris / Alfred Basbous's sculpture exhibited at École nationale des beaux-arts, 1961, Paris

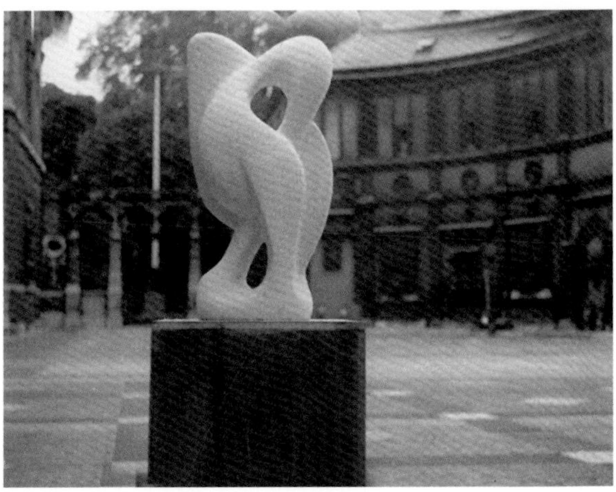

sculpture in École nationale des beaux-arts. Together with his brother Michel, their works were presented in the International Sculpture Exhibition at the Rodin Museum in Paris. In an interview conducted by Victor Hakim in 1970 with Alfred about his Parisian memories, Alfred confided that he had approached the French capital by looking inwardly towards his heritage and its effect on the sensibility and engagement of his fellow countrymen to their artistic pursuits.

Early days in Paris proved to challenge Alfred's foundational knowledge of sculpting, providing him with space and facility to accelerate in attaining new depths in his works. Distinguished sculptor René Collamarini selected Alfred as his pupil who joined the École nationale des beaux-arts in Paris. Conveying his emotional process into his work allowed Alfred to shape physicality and spirituality into his pieces, creating a clear commonality amongst his work, even in his early days. Whilst Alfred's work began to speak a language all its own, Alfred himself was not a French speaker and initially accepted this as the rationale for the distant relationship he shared with his Parisian cohort. Alfred did not view this as a negative aspect, saying, "I realized that we represented different nationalities and that several did not speak French. This encouraged me to move *forward*." Alfred propelled himself into the upper echelons of emerging artists in the West, obtaining a first prize for sculpture. Alfred had successfully transitioned toward an international appreciation of his work, proving he could stand strong amongst recognized Western artists. Alfred remembered: "It gave me strong confidence in myself and my technical abilities, which opened the way for me to research and experiment on the levels of content, orientation, expression, language and vocabulary."[1]

[1] Alfred reflects on his experiences in Paris at the École nationale des beaux-arts, 1961.

Dès les premiers jours de son arrivée à Paris, ses connaissances précédemment acquises en matière de sculpture sont mises à l'épreuve dans le cadre des Beaux-Arts où, choisi comme élève par l'éminent sculpteur René Collamarini, il trouve les locaux et les installations nécessaires à l'approfondissement son art. En traduisant ses émotions dans son travail, Basbous peut donner à ses pièces la forme d'une réalité physique et d'une spiritualité qui deviennent ainsi un dénominateur commun de ses œuvres, qui se manifeste dès le début de sa carrière. Alors qu'il commence à exprimer dans son travail un langage qui lui est propre, Basbous met d'emblée sur le compte de sa méconnaissance de la langue française les relations distantes qu'il entretient avec ses condisciples parisiens. Mais loin d'y voir un aspect négatif, il déclare : « J'ai pris conscience que nous représentions différentes nationalités et que plusieurs d'entre nous ne parlaient pas français. Cela m'a encouragé à *progresser*. » Son travail ayant été salué par un premier prix de sculpture, Basbous est propulsé dans les hautes sphères de la relève artistique occidentale. Il réussit également la transition vers une reconnaissance internationale, montrant qu'il était de taille à s'imposer parmi les artistes occidentaux reconnus. « Cela m'a donné une grande confiance en moi et en mes capacités techniques », rappelle-t-il, « et ouvert la voie de la recherche et de l'expérimentation sur les plans du contenu, de l'orientation, de l'expression, du langage et du vocabulaire[1]. »

La rencontre avec Henry Moore

En 1961, Basbous participe à la deuxième Exposition internationale de sculpture contemporaine organisée au musée Rodin. Sous le haut patronage d'André Malraux, ministre de la Culture, et d'Henri Seyrig, directeur des Musées de France, les œuvres présentées par des sculpteurs originaires de vingt-sept pays sont exposées parmi celles de Rodin. C'est à cette occasion que Basbous

[1] Évocation par Alfred Basbous de son expérience parisienne à l'École nationale des beaux-arts, 1961.

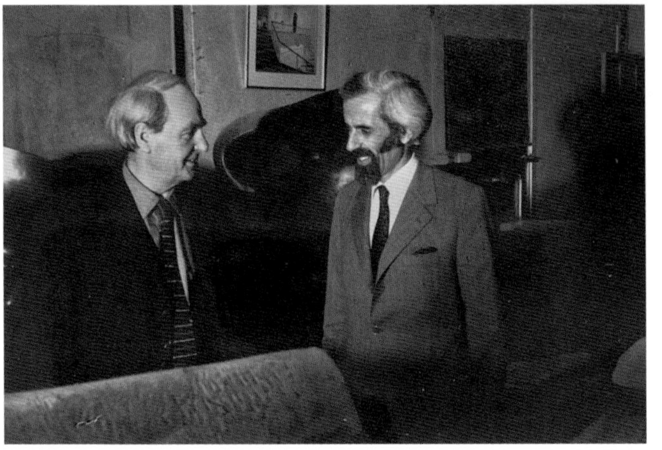

Alfred Basbous et Sir Henry Moore dans l'atelier de Moore, février 1971, Much Hadham / Alfred Basbous with sir Henry Moore at Moore's workshop, February 1971, Much Hadham

Meeting Henry Moore

In 1961, Alfred participated in the second international exhibition of contemporary sculpture, presented at the Musée Rodin. Placed under the high patronage of André Malraux, Minister of Culture and Henri Seyrig, Director of the Museums of France, the works presented by sculptors from twenty-seven countries were displayed amongst those of Rodin. On this occasion, Alfred would have his first encounter with the works of renowned artist Henry Moore.

Alfred admired the works of his English counterpart, recognising some similarities and differences in their practise. The two men would subsequently meet in February 1971 and debate on their art, talking about direct carving or the use of non-noble materials such as cement. The significance of the meeting between the two, and lasting influence Moore's work had, is visible in the work of Basbous, most notably in a series of sublime cement sculptures in which the female body is the central subject: "Seated woman" being a strong favorite of the collection.

Viva Lebanon and beyond

On his return to his hometown, Alfred continued his work experimenting with different modes of expression, moving between classicism to modern figurative, from the bare bones of expressive minimalism to the depths of

découvre le travail du sculpteur britannique Henry Moore.

Reconnaissant dans leurs pratiques respectives à la fois des similitudes et des différences, Basbous admirait les œuvres de son confrère anglais. Les deux se rencontreront ultérieurement, en février 1971, pour débattre de leur art et évoquer la sculpture à taille directe ou l'utilisation de matériaux non nobles comme le ciment. L'importance de cette rencontre et l'influence durable d'Henry Moore sont manifestes dans l'œuvre de Basbous, notamment dans une magnifique série de sculptures en ciment ayant pour sujet central le corps féminin : *Femme assise* étant l'une des plus remarquables.

Vive le Liban et au-delà

De retour dans son village natal, Basbous poursuit ses expérimentations en adoptant différents modes d'expression, passant du classicisme au figuratif moderne, de l'ossature de l'expression minimaliste aux profondeurs de l'abstraction. Il travaille la pierre brute, le marbre, l'onyx ou le basalte noir, le bois de cèdre ou d'olivier, mais aussi le bronze, le métal, l'acier et l'aluminium.

Il rejoint bientôt l'Association des peintres et sculpteurs libanais (LAAPS) fondée en 1957. Aux côtés des aînés Omar Onsi, Georges Corm, Rachid Wehbé, l'Association accueille également un groupe de jeunes artistes dont le travail montre une inclination pour l'art abstrait : Chaffic Abboud, Jean Khalifé, Aref el Rayess, Adel Saghir, Elie Kanaan, Saaid Aki, Michel el Mir, Nicolas Nammar, Rafic Charaf, Amine Sfeir. Dans le domaine de la sculpture, se distinguant ainsi d'artistes classiques comme Joseph Hoyek ou Halim Hajj, Alfred Basbous fait le pari de la modernité, aux côtés de Michel Basbous et Saloua Raouda Choucair.

Basbous embrasse la vie artistique libanaise de l'époque, bénéficiant de la reconnaissance des milieux culturels qui lui savent gré d'avoir exercé sur eux une influence propice à leur réorientation vers la scène artistique mondiale. Suivent de longues années de développements positifs, qui voient se nouer nombre de collaborations d'artistes et intellectuels libanais avec leurs homologues étrangers, d'échanges d'idées et de visions artistiques partagées. En 1961, une exposition collective d'artistes de l'Association des peintres et sculpteurs libanais marque l'inauguration du musée Nicolas Ibrahim Sursock. Durant les années 1960,

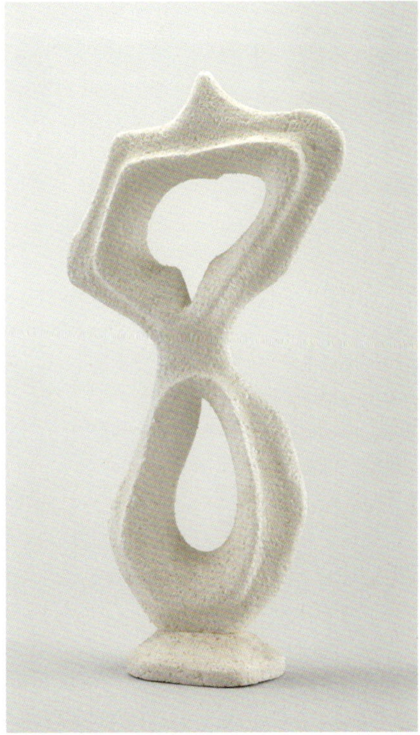

Maquette, circa 2000-2006
Polystyrène / Polystyrene, 35 × 19 × 7 cm

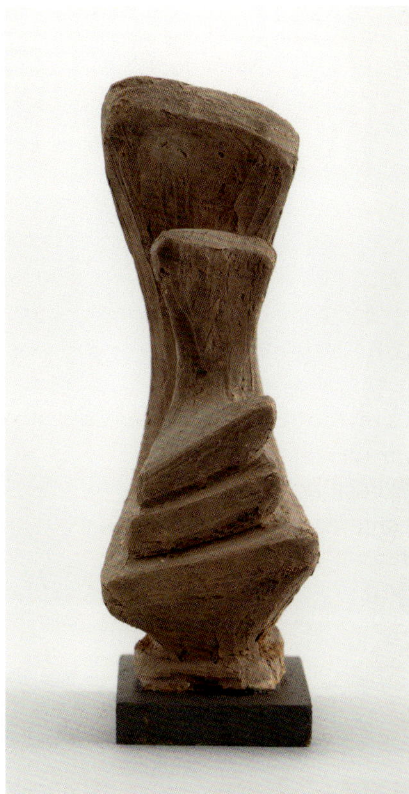

Maquette, non-datée / undated
Terre glaise, 27 × 12 × 10 cm

Basbous présente régulièrement son travail au Liban comme à l'étranger, à l'occasion d'expositions personnelles ou collectives. La période est pour lui riche en événements : en 1963, la galerie One de Beyrouth organise sous la supervision du poète Youssef El Khal une exposition qui lui est consacrée. L'année 1964 voit la fondation des Festivals culturels de Rachana, un espace digne des œuvres de Basbous, de même que celles du théâtre libanais qui y présente *Macbeth* de Shakespeare. Cette même année, un diplôme d'honneur est décerné à Basbous par le Salon d'automne organisé au musée Nicolas Ibrahim Sursock, pour l'une de ses remarquables sculptures en pierre.

En 1971, aux côtés de ses frères Michel et Joseph, Alfred Basbous se rend à Paris, à l'invitation de Gérard Khoury, directeur de l'office du tourisme du Liban à Paris, où une exposition aux Halles Baltard présente leurs œuvres, soit plus d'une centaine de sculptures pesant au total le poids impressionnant de trois tonnes. Cette exposition, tenue à l'époque pour une manifestation majeure, montre des sculptures d'Alfred Basbous aux côtés d'œuvres de Picasso ; l'événement, très favorablement accueilli par la critique, fait l'objet de nombreux articles publiés dans la presse. Le catalogue qui lui est consacré, publié la même année par le conseil national du tourisme libanais, est accompagné de poèmes d'Andrée Chedid.

En 1974, toujours à Paris, Basbous participe à l'exposition de sculptures « Collamarini, son atelier » organisée au musée Rodin. Au cours de la même année, il expose son travail en Égypte dans le cadre de la Biennale d'Alexandrie. Par la suite, Alfred et ses frères Michel et Joseph présentent une quarantaine de sculptures à l'occasion d'une exposition de groupe au musée royal d'Ueno à Tokyo ; ces pièces seront ultérieurement acquises par le musée en plein air d'Hakone, au Japon. Cette exposition de l'avant-garde libanaise à Tokyo, vue par plus d'un demi-million de visiteurs, a suscité un vif intérêt de la part du public japonais qui s'est découvert de puissantes affinités avec les frères Basbous : une mutuelle et silencieuse admiration pour les modulations simples et harmonieuses qui franchissaient les barrières culturelles. Les frères Basbous, et plus particulièrement Alfred,

abstraction. Alfred worked with rough stone as well as marble, onyx or black basalt; cedar or olive wood, and also bronze, metal, steel, and aluminum.

Alfred soon joined the Association of Lebanese Artists (LAAPS). Officially created in 1957, the organization brings together a collective of painters and sculptors. Alongside the elders, Omar Onsi, Georges Corm, Rachid Wehbé, LAAPS also welcomed a new group of young artists whose talents tilted towards abstract art: Chaffic Abboud, Jean Khalifé, Aref el Rayess, Adel Saghir, Elie Kanaan, Saaid Aki, Michel el Mir, Nicolas Nammar, Rafic Charaf, Amine Sfeir. In the field of sculpture, thus distinguishing himself from classical artists such as Joseph Hoyek or Halim Hajj, Alfred Basbous hedged his bets on modernity, alongside with Michel Basbous and Saloua Raouda Choucair.

Alfred embraced the artistic life in Lebanon at that time, enjoying the recognition of influencing the local art cultures direction towards the world stage. Years of positive progression followed, whereby Lebanese artists and intellectuals collaborated with foreign artists on ideas and shared artistic visions. In 1961, the opening of the Sursock Museum was inaugurated with a collective exhibition of artists from LAAPS. Throughout the 1960s Alfred presented his works regularly both in Lebanon and abroad, in personal and in group exhibitions. The '60s proved to be an effectual time for Alfred, continuing in 1963 by hosting a solo exhibition in Gallery One in Beirut

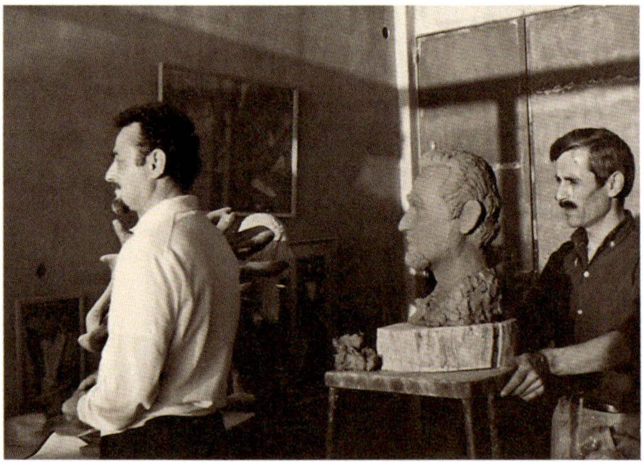

Alfred Basbous sculptant le portrait du poète Youssef al-Khal, circa 1963-1965 / Alfred Basbous sculpting the portrait of the poet Youssef al-Khal, circa 1963-1965

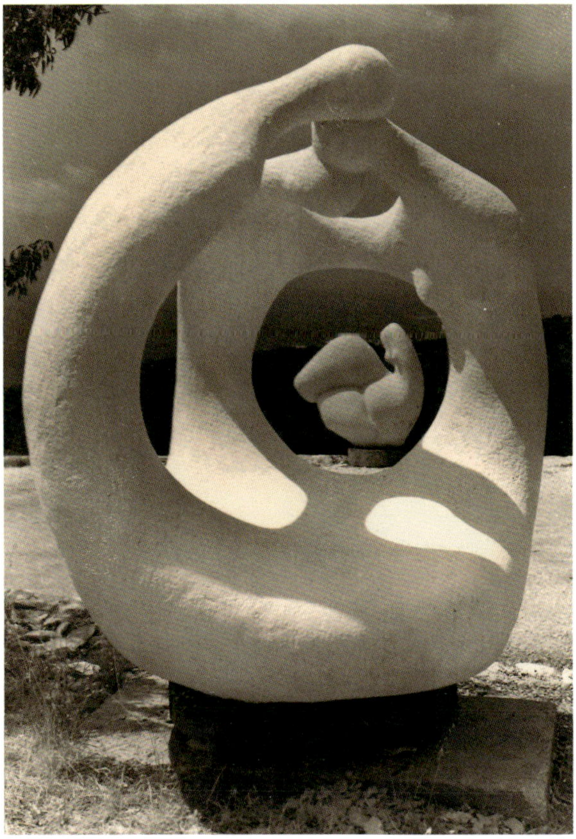

Family et *Seated Woman*, Rachana / *Family* and *Seated Woman*, Rachana

en faisant connaître leur travail sur la scène internationale, avaient révolutionné la sculpture libanaise en incarnant l'avant-garde du modernisme.

En 1975, lors d'un dîner chez les frères Basbous dans leur maison de Rachana, Alfred rencontre Marie ; c'est le début d'une union qui durera vingt-neuf ans et verra naître deux enfants, Fadi et Zeina, qui, chacun à sa manière, contribueront à rendre hommage à l'œuvre de leur père.

La guerre civile libanaise éclate en 1975 ; durant le conflit, Basbous demeure à Rachana où il travaille sans relâche jusqu'au début des années 1980, même en l'absence de toute possibilité d'exposer sa sculpture.

En 1994, Basbous organise à Rachana le premier Symposium international annuel de sculpture ; reconduit durant onze années consécutives, l'événement devient un emblème culturel de renommée internationale. À cette occasion, Alfred noue le dialogue avec des sculpteurs réputés, originaires du monde entier,

under the supervision of the well-known poet Youssef El Khal. 1964 saw the beginning of the Rachana Cultural Festivals, a worthy and welcoming space for Basbous, alongside the Lebanese theater that presented the play Macbeth by Shakespeare. In this same year, Alfred was awarded an honorable degree in the Autumn Exhibition at Ibrahim Sursock Museum for one his outstanding stoneworks.

In 1971, Alfred travelled to Paris where an exhibition was held for him along with his two brothers Michel and Youssef in the Halles Baltard in Paris, presenting over one hundred sculptures, in total weighing a magnificent three tons. The invitation came from the Director of the Lebanese Tourism Office in Paris, Gerard Khoury. Considered a major exhibition at the time, Alfred's works were presented alongside those of Picasso and the event was met with roaring applause from critics and was the subject of numerous high-profile articles in the press. A book devoted to this exhibition, edited by the National Council of Tourism in Lebanon and accompanied by poems by Andrée Chedid were published the same year.

In 1974, Alfred participated in the sculpture exhibition *Collamarini son atelier* organized at the Rodin Museum in Paris. In the same year Alfred displayed works in the Alexandria Biennial in Egypt. Subsequently, Alfred and his brothers Michel and Youssef, participated in an exhibition at the UENO Royal Museum in Tokyo where they displayed around forty sculptures, pieces which were later acquired by Hakone Open-Air Museum in Japan. Their participation in the ground-breaking Lebanese Exposition in Tokyo, which received over half a million visitors, led to a strong affinity for the Basbous brothers among the Japanese audience. There was a silent, mutual admiration of the simple harmonious modulations that seems to have crossed cultural barriers. The brothers, and Alfred in particular, had made their work known on the international stage, and revolutionized Lebanese sculpture itself by pioneering notions of modernism.

In1975, during a dinner hosted by the Basbous brothers at their Rachana home, Alfred met Marie, this being the beginning of a beautiful 29-year union between the two. Alfred and Marie went on to have two children, Fadi and Zeina who,

les invitant à venir travailler à Rachana pendant deux semaines, à exposer et approfondir leur talent en compagnie d'autres créateurs passionnés et, s'appuyant sur leur diversité culturelle et leurs expériences singulières, à envisager de nouvelles pistes de travail.

En 1997, Rachana accepte avec fierté le titre de « Village mondial de la sculpture en plein air » que lui décerne l'UNESCO. Les efforts, la détermination et le dévouement sans faille d'Alfred Basbous, non seulement pour son art, mais aussi pour sa terre natale, ont été ainsi, pour toujours, reconnus par l'UNESCO sur le site de Rachana.

Reconnaissance de l'œuvre d'Alfred Basbous

La réputation de l'œuvre d'Alfred Basbous dépasse de loin le cadre de Rachana, son village natal. Toutefois, les plus grandes distinctions lui sont décernées par son pays natal, à commencer en 1994 par la prestigieuse médaille de chevalier de l'Ordre national du Cèdre que lui remet le président de la République libanaise en personne.

Cette décoration s'inscrit au nombre des distinctions ayant honoré l'œuvre de Basbous. Il sera par la suite promu officier de l'Ordre national du Cèdre, dont il reçoit également les insignes des mains du président du Liban. Cette promotion a marqué en 2004 la dernière édition du Symposium international annuel de sculpture né de la généreuse initiative d'Alfred Basbous et dont les répercussions se prolongeront pendant encore plusieurs générations.

each in their own way, would contribute to honour their father's work.

During the civil war in Lebanon, from 1975, Alfred remained in Rachana and continued bountifully crafting sculptures, even in the absence of any opportunity to exhibit until the beginning of the 1980s.

In 1994, Basbous supervised the first International Sculpture Symposium in Rachana, an event which would go on to be held annually for eleven consecutive years and stand as the cultural emblem of international renown. Alfred engaged with well-known sculptors from all over the world, participants invited for two weeks to work, exhibit, and explore their talents amongst other passionate creators, using their diverse cultures and experience as impetus to explore new avenues of their craft.

In 1997, Rachana proudly received from UNESCO the title of "World Village of Outdoor Sculpture." Alfred Basbous's efforts, determination, and unwavering devotion to not only his art, but his mother land, had come to be recognized in the highest light by UNESCO, and eternalized on the grounds of Rachana.

Recognition of Basbous

The achievements of Alfred Basbous went far beyond his hometown of Rachana. However, the most significant accolades he collected came from his home, starting in 1994 with the prestigious Medal of the National Order of the Cedar, Order of Knight, granted to Alfred by the Lebanese president himself.

The Order of Knight would sit proudly amongst the many hard-earned honours of the works of Alfred Basbous, including a further award of the coveted Medal of the National of the Order of the Cedar, Officer order, again from the Lebanese President. The award was given to Alfred in acknowledgment of the end of the International Sculpture Symposium, which saw its final term in 2004, marking the generous impact the initiative headed by Alfred had and would have for many generations to come.

Après sa mort en 2006, le président de la République libanaise lui décerne à titre posthume la médaille d'or de l'Ordre du mérite libanais. De son vivant, son œuvre est également saluée par le prix de l'Orient en 1963 et le prix de la Biennale d'Alexandrie en 1974, qui suscitent à l'étranger un intérêt pour la sculpture libanaise. Alfred Basbous a été une personnalité centrale du développement et de la promotion du modernisme au Moyen-Orient au cours de la seconde moitié du XXe siècle. Il a ouvert de manière prodigieuse la voie à la reconnaissance internationale de l'art moderne de la région et à la prise de conscience par les jeunes générations de l'authentique potentiel de l'art libanais.

Upon his death in 2006, the President of the Lebanese Republic posthumously awarded Alfred the gold medal of the Lebanese Order of Merit. During his lifetime, he also won the Prix de l'Orient in 1963 and the Alexandria Biennale prize in 1974, raising international interest for Lebanese sculpture. Alfred Basbous was a central figure in the development and advancement of modernism in the Middle East during the latter part of the twentieth century. He succeeded monumentally in paving the way for the international appreciation of the modern art of the region and in making younger generations aware of the real potential of Lebanese art.

Expositions et collections / Exhibitions and collections

Expositions individuelles au Liban / Individual exhibitions in Lebanon

1959
• Alecco Saab Gallery, Beyrouth / Beirut

1962
• Salle du quotidien L'Orient, Beyrouth / Beirut

1963
• One Gallery, Beyrouth / Beirut

1965
• Excelsior Hotel Garden, Beyrouth / Beirut

1966
• Phoenicia Hotel Gallery, Beyrouth / Beirut

1967
• Amateur Gallery, Beyrouth / Beirut
• Jardin du Modern Institute / Modern Institute Garden, Fanar

1970
• Excelsior Hotel Garden, Beyrouth / Beirut

1972
• "Contact" Gallery, Beyrouth / Beirut

1979
• Damo Gallery, Antelias

1982
• One Gallery, Zalka

1984
• Jardin / Garden, Halat
• Elcir Gallery, Beyrouth / Beirut

1985
• La Toile Gallery, Rimal, Zouk Mosbeh

1996
• SNA, Tabaris, Beyrouth / Beirut

2004
• Galerie Surface Libre, Jal el Dib

Expositions à l'étranger / Exhibitions abroad

1961
• École nationale des beaux-arts, Paris, France
• Musée Rodin, Paris, France

1971
• Halles de Baltard, Paris, France
• Exposition en plein air / Open air exhibition, Faubourg Saint Honoré, Paris, France

1974
• *Collamarini son atelier*, Musée Rodin, Paris, France
• Biennale d'Alexandrie / Biennial of Alexandria, Égypte / Egypt
• UENO Museum, Tokyo, Japon / Japan

1982
• Decoline Gallery, Riyadh, Arabie saoudite / Saudi Arabia

1988
• Hôtel international Hilton / Hilton International Hotel, Koweït / Kuwait
• Platform International Gallery, Washington, États-unis / United States

1993
• Jardins de Schroder Asseily / Schroder Asseily's gardens, Londres, Angleterre / London, England

1994
• Exposition d'une sculpture / Display of a sculpture, Ashmoleum Museum, Oxford, Angleterre / England

1998
• Centre culturel / Cultural center, Abu Dhabi, Émirats arabes unis / United Arab Emirates
• Centre culturel / Cultural center, Dubaï, Émirats arabes unis / Dubai, United Arab Emirates
• Oman Gallery, Oman

Expositions des trois frères / Exhibitions of the three brothers

1962
• Alecco Saab Gallery, Beyrouth, Liban / Beirut, Lebanon

1971
• Souk Tawilé, Beyrouth, Liban / Beirut, Lebanon

1973
• Starco center, Beyrouth, Liban / Beirut, Lebanon

1974
• Grottes du Cheikh Pierre Gemayel / Cheikh Pierre Gemayel's caves, Bekfaya, Liban / Lebanon

1975
• Jardin / Garden, Jdeidet El Metn, Liban / Lebanon

1977
• Jardins du journal *Le Réveil*, Jdeidet El Metn, Liban / Lebanon

1980
• Elcir Gallery, Mkalles, Liban / Lebanon

Expositions de la Fondation / Foundation's Exhibitions

2008
• Galerie Six, Beyrouth, Liban / Beirut, Lebanon

2012
• The Artist's Forum, Rachana, Liban / Lebanon

2013
• Monte Carlo Beach Club, *Bronze Collection*, Abu Dhabi, Émirats arabes unis / United Arab Emirates

2014
• Beirut Art Fair with Mark Hachem Gallery, Beyrouth, Liban / Beirut, Lebanon

2015
• Consulate General of Lebanon, *Independence Day Art Show*, New York, États-unis / United States
• Artspace, Modernist Pioneer, Dubaï, Émirats arabes unis / Dubai, United Arab Emirates
• Mark Hachem Art Gallery, Art Palm Beach , Palm Beach, États-unis / United States
• Mark Hachem Art Gallery, *Bronze Collection*, Paris, France
• Mark Hachem Art Gallery, Marbella Art Fair, Marbella, Espagne / Spain
• Mark Hachem Art Gallery, Art 15 London, Londres, Angleterre / London, England
• Mark Hachem Art Gallery, *Alfred Basbous: Modernist Pioneer*, Beyrouth, Liban / Beirut, Lebanon
• Mark Hachem Art Gallery, Beirut Art Fair, Beyrouth, Liban / Beirut, Lebanon

2016
• Tabari Artspace, Dubai Art Fair, Dubaï, Émirats arabes unis / Dubai, United Arab Emirates
• Tabari Artspace, *Figurative to Abstraction*, ABF private view, Dubaï, Émirats arabes unis / Dubai, United Arab Emirates
• Arab chamber of commerce, Londres, Angleterre / London, England

2017
• Sophia Contemporary Gallery, *Alfred Basbous: Modernist Pioneer - Selected Works*, Londres, Angleterre / London, England
• Sophia Contemporary Gallery, Art Brussels, Bruxelles, Belgique / Brussels, Belgium
• Sophia Contemporary Gallery, Sotheby's, Hong Kong

2018
• Mark Hachem Art Gallery, *Sensible Expression*, Beyrouth, Liban / Beirut, Lebanon

2019
• Bel Air Fine Art, Génève, Suisse / Geneva, Switzerland
• Bel Air Fine Art, Londres, Angleterre / London, England

2020
• Tabari Artspace, *Alfred Basbous: a Modern Adventure*, Dubaï, Émirats arabes unis / Dubai, United Arab Emirates
• Galerie Tanit, *A Glimpse into the Past*, Beyrouth, Liban / Beirut, Lebanon
• Tabari Artspace, Dubai Modernist Meeting, Dubaï, Émirats arabes unis / Dubai, United Arab Emirates

2021
• Tabari Artspace, *Figurative to Abstraction*, Londres, Angleterre / London, England
• Tabari Artspace, Abu Dhabi Art, Abu Dhabi, Émirats arabes unis / United Arab Emirates

2022
• Muséee d'art contemporain, Lyon Biennale, *Manifesto of fragility*, Lyon, France

Collections muséales / Museum collections

• The Ashmolean Museum, Oxford, Royaume-Uni/ United Kingdom

• The Hakone Open-Air museum, Hakone, Japon/Japan

• Musée Rodin, Paris, France

• The Villa Audi, Beyrouth, Liban / Beirut, Lebanon

• The Nicholas Sursock Museum, Beyrouth, Liban / Beirut, Lebanon

• The Dalloul Art Foundation (DAF), Beyrouth, Liban / Beirut, Lebanon

• The Guggenheim museum, Abu Dhabi, Émirats arabes unis / United Arab Emirates

Remerciements

Les éditions Skira et la Fondation Alfred Basbous voudraient remercier les auteurs Roxane Zand et Sam Bardaouil pour leurs textes qui permettent une meilleure compréhension de l'œuvre d'Alfred Basbous, ainsi que Mansour et Maria Dib, Salim Khoury, Dr. Nada Shabout et Elizabeth Thornley pour leur soutien et leur implication tout au long de ce projet éditorial.

La Fondation Alfred Basbous est particulièrement fière de participer aux programmes de mécénat des organismes suivants et souhaiterait les remercier pour la richesse de leurs partenariats :
May Chidiac Foundation (MCF), Liban
Center for Lebanese Studies CLS, Royaume-Uni,
Children's Cancer Centre, Liban,
USJ Alumni, Liban,
Happy Childhood Foundation (HCF), Ouganda,
NDU Alumni, Liban,
LIFE Generation, Royaume-Uni,
Open Minds Charity, Royaume-Uni
Heartbeat, États-Unis,
Red Cross, Suisse,
Oum el Nour, Liban.

Acknowledgements

Éditions Skira and the Alfred Basbous Foundation would like to thank Roxane Zand and Sam Bardaouil for their texts which give a deep understanding of Alfred Basbous's work along with Mansour and Maria Dib, Salim Khoury, Dr. Nada Shabout and Elizabeth Thornley for their constant support in developing this book project.

The Alfred Basbous Foundation is very proud to fund several philanthropic initiatives and would like to thank the followings for these partnerships:
May Chidiac Foundation (MCF), Lebanon,
Center for Lebanese Studies CLS, United Kingdom,
Children's Cancer Centre, Lebanon,
USJ Alumni, Lebanon,
Happy Childhood Foundation (HCF), Uganda,
NDU Alumni, Lebanon,
LIFE Generation, United Kingdom,
Open Minds Charity, United Kingdom,
Heartbeat, United States of America,
Red Cross, Switzerland,
Oum el Nour, Lebanon.

ÉDITIONS SKIRA PARIS
14, rue Serpente
75006 Paris
www.skira.net

Responsable des éditions / *Senior editor*
Nathalie Prat-Couadau

Responsable éditoriale / *Editorial manager*
María Laura Ribadeneira

Responsable du projet et coordination éditoriale / *Project manager and editorial coordination*
Meryl Mason

Assistante éditoriale / *Editorial assistant*
Samaa Mohamed Ali Abdelaal

Conception graphique / *Graphic design*
Luigi Fiore
Evelina Laviano

Traduction / *Translation*
Christian Diebold

Relecture / *Copyediting & Proofreading*
Mathilde Borron – Français
Monique Gross – English

Photogravure / *Color separation*
Litho Art New, Turin
ISBN 978-2-37074-172-1

Achevé d'imprimer en octobre 2022 sur les presses de Graphius à Gand, Belgique.
Dépôt légal novembre 2022 / *Printed in October 2022 on Graphius presses in Ghent, Belgium.*
Legal deposit November 2022